生活と福祉学習ノート

もくじ

第１章　健康と生活

第２章　少子高齢化の現状と高齢者の特徴

第３章　高齢者の自立支援

第４章　高齢者支援の法律と制度

第５章　介護の実習

第６章　看護の実習

第７章　生活支援

本書の使い方

・本書は，実教出版発行の準教科書「生活と福祉」に準拠した学習ノートです。教科書の構成に合わせた展開としています。
・各ページは教科書の重要用語を確認する穴埋め問題と，練習問題で構成されています。
・授業の復習や試験前の対策，自学自習のために本書をご活用ください。

観点別マーク
知　知識・技術の定着を図る問題
思　思考・判断・表現をはぐくむ問題

本文や巻末にフリースペース MEMO を設けています。

③ 高齢者の心身の特徴　教 p.32〜p.33

❶ 高齢者の心身の特徴と病気 知
◎加齢と老化……人間の（①　　）は誕生から全生涯にわたる。なかでも，心身の成熟が完了した以後に，衰退を主とする（②　　）が見られる。食事や睡眠などの生活習慣は，老化を促進したり病気や障がいの出現に影響する。加齢による変化は，他の年代に比べて高齢者に特徴的に現れ，現れ方には個人差がある。
◎高齢者の身体的特徴……加齢によってさまざまな身体的変化が起こる。認知症になったり，（③　　）が低下して，（④　　）状態が悪くなったり，からだの水分量が減り，（⑤　　）や便秘になったりする。皮膚感覚もにぶくなり，内臓の機能も低下する。老化による変化は，健康に影響を及ぼす。
◎高齢者の心理的特徴……短期的な記憶力に低下が見られるが，古い昔の記憶や体験の記憶は保たれる。短時間で多くのことを記憶したり，計算したり，流ちょうに話す（⑥　　）知能は減退するが，人生経験で得た能力や，判断力，理解力，漢字や言葉の意味を理解する能力の（⑦　　）知能は維持される。

❷ 個人差とエイジズム 知
（⑧　　）とは年齢にもとづく偏見や，（⑨　　（行動や考え方が固定的，一過的なこと））にもとづく差別の総称である。同年齢の高齢者でも健康面には個人差があり，高齢者を一律に「老化で何もできない人」と差別することは，人種差別や（⑩　　）と同様の重大な差別問題と考えられている。

やってみよう！練習問題 思
次の記述のうち，正しいものには○，誤っているものには×を記入しなさい。
A　加齢による変化は，老若変わりなくいずれの年代でも現れるが，高齢者には特徴的に現れる。
B　体内に占める水分量は，新生児では体液が体重の約 80% で，成人では約 60% だが，高齢者でははほぼ 45% 程度で，加齢と共にかなり減少する。
C　高齢者には短期的な記憶力の低下が見られる。
D　医療介護の現場で，高齢者に親切にしてあげようと，幼児と話すように簡単な言葉をかけてあげたのは，エイジズムではない。

A		B		C		D	

MEMO

14　第２章　少子高齢化の現状と高齢者の特徴

年　組　番　名前　　検印

1 健康に関する諸概念

教 p.8〜p.13

1 健康とは何か 知

◎身体的・精神的・社会的健康……WHO（世界保健機関）憲章の前文にあるように，健康には，身体的に良好な状態の身体的健康，精神的に良好な状態の精神的健康，生活や人間関係が良好な状態の（①　　　　　　）がある。人の健康を理解するには，それらを全体に見る（②　　　　　　）の考え方が大切である。

◎ヘルスプロモーション……病気や虚弱でないことが健康という消極的健康ではなく，WHO がめざす完全に良好な状態の積極的な健康にもとづき，健康を増進させる（③　　　　　　）も重視されている。

→SDGs（持続可能な開発目標）にも，「すべての人に健康と福祉を」 が取り入れられている。

◎新しい健康観：困難に適応する力

・WHO の健康の定義が「完全に良好な状態」のみを健康としていることに対し，「健康とは，社会的，身体的，感情的な困難に直面した時に，それに適応し自己管理できる能力である」という考えの概念である（④　　　　　　）が 2011 年にオランダのヒューバーによって提唱された。この考えによれば，病気や障がいがあったとしても，それに適応し，（⑤　　　　　　（レジリエンス））があれば健康といえる。

◎健康という「力」を得るために

・ポジティブ・ヘルスの考えは，自己管理能力を重視している。これは専門家の指示に黙って従うのではなく，自分の価値観を大切にして自分で意思決定ができ，自分らしい生活や人生を送ることを意味する。

・環境に恵まれなければ，困難に対処する力をはぐくむことも，その力を発揮することもできない。環境には，周りの人の理解や（⑥　　　　　　），教育や社会参加の機会などが含まれる。病気や障がいがあっても，健康という「力」を得るには，社会や環境を整える必要がある。

やってみよう！練習問題 思

次の記述のうち，正しいものには○，誤っているものには×を記入しなさい。

A　WHO 憲章の前文には，「健康とは，身体的，精神的，社会的に完全に良好な状態で，感情的な困難にも適応し，自己管理できる能力である」と記されている。

B　自己管理能力を得るには，自分らしい生き方をする前に，まず専門家の指示を仰ぎたい。

C　ヘルスプロモーションは，人々の健康を維持・増進するための健康戦略である。

D　困難に適応し，自己管理できる力を得ることと，社会や環境はあまり関係がない。

A		B		C		D	

MEMO

第1章

❷ QOLとは何か 知

◎QOLの目的……健康の他に，本人が幸福で満足できる生活や自分らしい人生を生きることも大切である。それをめざす概念がQOL（Quality of Life）である。Lifeには複数の訳語があり，日本語では以下などに訳され，目的や状況によって使い分けられている。

- （①　　　　）の質……病気や障がいがあっても，本人の望む生活を実現する方法を考える状況などで使われる。
- （②　　　　）の質……苦痛や生活への支障が大きい治療をどこまで行うか，といった生命倫理に関する問題を考える際に使われる。
- （③　　　　）の質……生きがいを持ち，その人らしい生き方が出来ているかを問う際に使われる。

◎QOLの定義……WHO（世界保健機関）は，QOLを構成する重要な領域として，(1)身体面，(2)心理面，(3)自立度，(4)社会関係，(5)環境，(6)（（④　　　　　　　　）／宗教／個人の信念の6領域を示している。特に医療や福祉の分野で働く人は，その領域について本人の状況や希望を把握し，その人の価値観を大切にした治療や援助を考える必要がある。本人の価値観や生活の目標などを理解し，本人や家族と医療・介護スタッフが今後の治療や療養について，あらかじめ話しあうアドバンス・ケア・プランニング（（⑤　　　　　））という取り組みも行われつつある。

◎生活を理解する枠組み：ICF

- まず，生活や健康の状況と，それらに影響を及ぼしている原因（因子）を把握する必要がある。それには約1,500項目の生活機能や背景因子に関するWHO提唱の世界共通指標ICF＝（⑥　　　　　　　　）が活用されている。

◎QOLを高めるために

- ICFにおける次の二つの考え方が役立つ。第一に，環境や状況を整えることで出来る活動にも注目すること。問題（できないこと）だけを見るのではなく，人が持つ可能性や（⑦　　　　）に目を向け，それを発揮できる方策を考えること。第二に，（⑧　　　　　）を変えることで生活機能を改善できること。

やってみよう！練習問題 思

次の記述のうち，正しいものには○，誤っているものには×を記入しなさい。

A　QOLは，日常生活の質や生命にかかわる生命倫理の質向上を目的とするもので，1990年代から注目され始めた概念である。

B　スピリチュアリティとは，生きることの意味や目的といった存在の根源を支えるものである。

C　ICFの生活機能とは，「心身機能・身体構造」「活動」「参加」に分類された「人が生きる」ことの全体像をとらえた概念である。

D　QOLを高めるには，ICFの環境因子を変えることは大事だが，人の持つ潜在能力などは，個々人の能力のことなので，QOLを高めることとは別問題である。

A		B		C		D	

MEMO

❸ 健康の社会的決定要因と健康格差対策 知

○健康に影響を及ぼす要因

下記のような要因が，健康に直接または間接的に影響している。

・内因（素因）：年齢・性・（① ）要因など
・生活様式（ライフスタイル）：喫煙・運動・食事・（② ）など
・社会地域ネットワーク：家族・友人・近隣の人などとのつながり
・生活と仕事の状況：教育や（③ ）環境・医療の利用しやすさなど
・社会・経済・文化・環境：社会全体の情勢や経済動向など

（上記3項目：健康の社会的決定要因）

○健康の社会的決定要因

健康に影響を及ぼす要因には，内因や生活様式などの本人に直接かかわる（④ ）要因と，本人を取り巻く（⑤ ）要因がある。後者の要因を健康の社会的決定要因といい，健康格差を生み出す原因として注目され，対応が検討されている。

○健康格差／健康格差への取り組み

教育・職業・収入・ジェンダー（社会的性別）・政策・文化など「健康の社会的決定要因」の違いによって生じる健康状態の差が健康格差である。健康の（⑥ ）という場合もある。

→健康格差は，社会全体で取り組むべき課題で，健康づくり運動の（⑦ ）や大学などの進学のための給付型奨学金を支援する制度，子どもの医療費無償化，がん検診の無料化などが国や自治体で進められている。介護の必要がなく健康に生活できる期間を（⑧ ）寿命という。元気に長生きできるように社会環境を改善して，平均寿命との差を小さくすることが目標である。

やってみよう！練習問題 思

次の記述のうち，健康の社会的決定要因に当てはまらないものを一つ選びなさい。

A　社会・経済・文化・環境
B　生活様式
C　生活と仕事の状況
D　社会地域ネットワーク

[ ]

MEMO

2 ライフステージと健康管理

教 p.14〜p.27

1 生涯を通した健康づくり 知

- ライフステージとは……ライフステージは人の一生をいくつかの段階に分けたものをいい，厚生労働省の区分では，幼年期から高年期までの（①　　　）段階ある。人は各ライフステージで，さまざまな経験をする。
- 各ライフステージにおける健康課題……健康課題は各ライフステージによって異なる。それぞれの課題を知り，予防や早期発見・早期治療を心がける。

<死因から見た主な健康課題>

幼年期（0〜4歳）	（②　　　　　　）・呼吸障害・がん・乳幼児突然死症候群など
少年期（5〜14歳）	がん・自殺・（③　　　　　　）など
青年期（15〜24歳）	自殺・不慮の事故・がんなど
壮年期（25〜44歳）	自殺・がん・心疾患など
中年期（45〜64歳）	がん・心疾患・自殺・（④　　　　　　）など
高年期（65〜99歳）	がん・心疾患・脳血管疾患・老衰など

- 各ライフステージにおける健康目標……ライフステージにおいて，前の段階の生活状況は，次の段階の（⑤　　　　　　）に影響する。中・高年期に病気を発症する病気は，子どものころからの食生活や運動習慣，青年期以降の喫煙や飲酒などの影響を受ける。元気に長生きするには，子どもの頃からの（⑥　　　　）を通した健康づくりが重要である。

<健康づくりに特に重要な7分野>

(1)栄養・食生活　(2)身体活動・運動　(3)休養・心の健康　(4)飲酒　(5)喫煙　(6)歯・口腔の健康
(7)（⑦　　　　　　）・検診

やってみよう！練習問題 思

次の記述のうち，誤っているものを一つ選びなさい。

A　年齢階級別の主な死因のうち，自殺が目立って多いのは少年期から壮年期である。

B　ライフステージの中年期と高年期における3大死因ともいわれるがん，心疾患，脳血管疾患のうち，一番多いのは脳血管疾患である。

C　子どものころからの生涯を通した健康づくりは，元気に長生きするために重要である。

D　健康診査または健康診断は，健康状態の総合的な確認が目的で，検診は，特定の疾患を調べるためにからだのある部位を検査するものである。

MEMO

第1章

❷ 幼年期の健康 知

◎幼年期（(①　　　　)歳）の特徴……（②　　　　）や生活習慣を形成する時期。規則正しい食事や早寝・早起きの生活習慣は家族の影響を受ける。身近な人から愛されて育つことも，その後の人生や健康観に影響を及ぼすといわれている。

◎幼年期の健康課題……死因のトップは生まれたときからの異常による（③　　　　　）で，乳幼児突然死症候群（SIDS）や不慮の事故も死因の上位に入る。免疫が未発達なため，（④　　　　）にかかりやすい。

<1～4歳の時期に起こりやすい事故>

・ベランダや階段などからの（⑤　　　　）・転倒
・炊飯器の蒸気やアイロン・ストーブに触れての（⑥　　　　）
・浴槽に落ちたり水遊びでおぼれたりする事故
・医薬品・洗剤・コイン・豆類などを誤って飲む（⑦　　　　）・中毒・窒息
・道路などへの飛び出しによる交通事故

◎幼年期の健康目標

(1)健康的な食生活を身に付ける
→幼年期の生活習慣は生涯にわたる健康づくりの土台である。

(2)健康診査や（⑧　　　　　）を受ける
→健康診査時には，健康や発達についての相談もできる。

(3)不慮の事故や乳幼児突然死症候群を防ぐ
→起こりやすい事故・子どもの突然死の注意事項に気をつける。

(4)（⑨　　　　　）を防ぐ
→親の産前産後や育児期の不安や悩み，心身の不調を抱える親が周囲からの支援が得られないと，子に対する虐待につながることがある。地域には子育て世代包括支援センターや子ども家庭総合支援拠点などの相談窓口がある。

やってみよう！練習問題 思

次の記述のうち，正しいものには○，誤っているものには×を記入しなさい。

A　幼児の転落事故を防ぐには，窓際に箱や家具などの踏み台になるようなものを置かないようにする。

B　不慮の事故は，どちらかといえば高齢者に多く，幼年期には，健康課題としてはあまり重要ではない。

C　幼年期における健康的な生活習慣は，子どもたちが成長するにしたがって環境も大きく変わっていくので，その後の人生に大きな影響はない。

D 「子育て世代包括支援センター」は母子保健法，「子ども家庭総合支援拠点」は児童福祉法にもとづく相談窓口である。

A		B		C		D	

MEMO

3 少年期の健康 知

◎少年期の特徴……少年期（(① 　　　) 歳）には，脳や神経系の発達が著しく，学校生活を通じて知識や思考力が高まる時期である。11 歳前後からは（② 　　　）に入り，精神的に不安定になりやすい時期でもある。

◎少年期の健康課題……死因は不慮の事故が多かったが，近年は生活環境や製品の改善などから以前と比べて減少しており，代わりに増えたのは自殺である。また，生活習慣から（③ 　　　（う歯・う蝕））や，裸眼視力 1.0 未満の（④ 　　　）も急増する。発達障害も，集団生活が始まるころから，じっとしていられなかったり，集団行動が苦手などの特性が目立つようになる。発達障害は行動や情緒面での特徴があり，自閉症をはじめ（⑤ 　　　）症候群，注意欠陥多動性障害などいくつかの種類があるため，それぞれに応じた対応が求められる。

◎少年期の健康目標

(1)食に関する正しい知識と望ましい食習慣を身につける

→（⑥ 　　　）の欠食，孤食，偏食などの食生活の乱れや，肥満ややせに注意する。

(2)不安や悩みは，一人で悩まず，相談する

→親や教師の他にもさまざまな相談窓口がある。電話や SNS でも相談ができる。

(3)永久歯のむし歯と歯肉炎を予防する

→食後の歯みがきを習慣にする。定期的に（⑦ 　　　）を受けることも大切である。

(4)発達障害を正しく理解し，適切な支援を得る

→周りの人が本人の特性を理解し，支援や環境の調整を行うことで困りごとを軽くすることができる。本人や家族だけで抱え込まずに身近な相談窓口に相談する。

やってみよう！練習問題 思

次の記述のうち，正しいものには○，誤っているものには×を記入しなさい。

A　少年期は，身体の成長が進むと共に知識や思考力も高まる時期。少年期後半は精神的に不安定になりやすい時期でもある。

B　少年期は一生のうち病気で死亡する割合が最も低い時期で，近年は生活環境や製品の改善などの事故防止の取り組みが進み，不慮の事故による子どもの死亡数も減少している。

C　発達障害は，特性の現れ方が同じなので，一律な対応をするべきである。

D　家族と一緒に食事をとる場合，孤食・個食にはならない。

A		B		C		D	

MEMO

❹ 青年期の健康 知

◎青年期の特徴……青年期（(① ）歳）は，子どもから大人へ移行する時期で，社会的存在として自分の立場を自覚しながら，自立に向けての不安や挫折を感じる時期でもある。18歳には（② ）権，20歳には（③ ）や喫煙も法的に認められ，就業により社会人として自立した生活が始まる。

◎青年期の健康課題……死因の1位・2位は自殺と不慮の事故であり，病気による死亡は少ない。異性への関心から，(④ ）や人工妊娠中絶が増え始める。進学や就職で生活が大きく変わる時期で，特に一人暮らしを始めると（⑤ ）の乱れが目立ちやすい。行動を理性的にコントロールする脳の機能はまだ発達途上で（⑥ ）乱用などさまざまな依存症の問題も起こりやすくなる。

◎青年期の健康目標

⑴健康的な生活習慣を維持する

→1日3回の食事，適度な運動や十分な睡眠を心がける。無理なダイエットは避け（⑦ ）を維持する。健康に及ぼす影響を理解し，20歳以降も過度な飲酒や喫煙は控える。

⑵性感染症を予防する

→（⑧ ）を正しく使い，定期的にパートナーと一緒に性感染症の検査を受ける。

⑶危険ドラッグ・違法薬物に気をつける

→危険ドラッグや（⑨ ）薬物には絶対に手を出さない。精神保健福祉センターや保健所などに早めに相談し，医療機関を受診する。

⑷休養・睡眠十分にとり，心の不調に気をつける

→夜更かしはやめ，朝は日光をあびて体内時計をリセットすることで睡眠の質が高まる。趣味やスポーツなどでリフレッシュしたり，自分に合ったストレス対処法を身に付けたりすることも大切である。

やってみよう！練習問題 思

次の記述のうち，正しいものには○，誤っているものには×を記入しなさい。

A　まだ高校生でも，成人した大人の権利として，18歳から選挙権が法的に認められたのだから，喫煙も校内でなければ許される。

B　性感染症の予防にはコンドームを正しく使うことが有効である。

C　「疲れがとれるクスリ」「やせるクスリ」との誘いの言葉は親しい人から言われたとしても信じてはならない。

D　体内時計をリセットすると睡眠の質が高まる。

A		B		C		D	

MEMO

5 壮年期の健康 知

◎壮年期の特徴……壮年期（（① ）歳）は，仕事や子育てなどを通して充実した時期だが，忙しくて自分の健康をかえりみる余裕がなく，疲労や（② ）がたまる時期でもある。

◎壮年期の健康課題……20～30 代の死因第 1 位は自殺，40 歳以降は悪性腫瘍や悪性新生物の（③ ）である。年齢があがると太りやすくなり，生活習慣病やその予備軍，（④ ）などの歯科疾患，気分障害や統合失調症などの（⑤ ）も増える。この時期に妊娠，出産，育児を経験する人もいるが，母親と赤ちゃんの健康のためには妊娠前からのからだづくりが大切である。出産後は育児の負担やホルモンのバランスが崩れることなどにより，（⑥ ）になりやすい。仕事や通勤途中での事故による（⑦ ），長時間労働や強いストレスによる（⑧ ）など，仕事にかかわる健康問題もある。

◎壮年期の健康目標

(1)がんの予防・早期発見・早期治療を心がける

→早期発見・早期治療で治るがんも増えている。がんを防ぐための新 12 か条で示されている点に気をつける。

(2)生活習慣病の予防・早期発見・早期治療を心がける

→たばこは吸わず，週に二日以上はお酒を飲まない（⑨ ）をつくる。野菜や果物を食べ，塩分を控えるなど食生活に気をつけ，一定の時間と頻度で運動をする。定期的に健診や検診を受ける。

(3)妊娠前～育児期の親子の健康に気をつける

→おかあさんと赤ちゃんのすこやかな毎日のための 10 のポイントが示されている。

(4)仕事による事故や病気に気をつける

→職場での作業手順や安全対策を守り，余暇や休養をとって，仕事と生活のバランス（（⑩ ））を心がける。

やってみよう！練習問題 思

次の記述のうち，正しいものには○，誤っているものには×を記入しなさい。

A　統合失調症になると，幻覚や妄想，意欲の低下，自閉症状などが現れるが，喜怒哀楽などの感情は激しくなりがちだ。

B　生活習慣病予防に，18～64 歳で毎日 60 分の歩行またはそれ同等以上の身体活動と，毎週 60 分の息がはずみ汗かく程度の運動が有効とされている。

C　産後うつは，妊娠から出産，育児までのうつ状態をいう。

D　「過労死ライン」は，月あたり残業時間がおよそ 85 時間を超える場合とされている。

A		B		C		D	

MEMO

第1章

6 中年期の健康 知

◎中年期の特徴……中年期（(①　　　　　)歳）は，身体機能が徐々に低下し，病気や（②　　　　）の衰えを意識し始める時期である。仕事や家庭での役割や責任が最も大きく，疲労やストレスがたまりやすいが，若い時に比べて疲労の回復に時間がかかる。

◎中年期の健康課題……死亡や病気，身体障害の発生数が著しく増え始める。死因の第1位はがんだが，心臓疾患や脳血管疾患である（③　　　　　）も上位に入る。自殺者数も他の世代と比べて多い。また，高血圧や（④　　　　　）も増え，内臓脂肪型肥満に加え，高血圧，脂質異常，高血糖の症状が二つ以上ある状態の（⑤　　　　　　　　　　）も増え始める。さらに，歯周病で永久歯を失う人も増える。女性は40代後半から50代前半に閉経を迎え，その前後はホルモンのバランスの変化から，(⑥　　　　　　　　　)（のぼせ，ほてり，発汗）や疲労感などの心身の不調（(⑦　　　　))が現れる。男性もホルモンのバランスの変化から更年期障害の症状が現れやすくなる。

◎中年期の健康目標

(1)がんの予防・早期発見・早期治療を心がける

➔がんを防ぐための新12か条に気をつけ，定期的にがん検診を受ける。

(2)メタボリックシンドロームを予防・改善する

➔予防・改善には「1に（⑧　　　　），2に食事，しっかり禁煙，最後にクスリ」(厚生労働省が掲げる健康増進普及月間統一標語）である。40歳以上の人には，メタボリックシンドロームに着目した特定健康診査がある。

(3)心の不調を感じたら，早めに相談・対処する

➔仕事や家族での問題，更年期などで心身ともに不調が現れやすいため，周りの人に支援を求めて休息や睡眠をとるようにする。(⑨　　　　　)になりやすい年齢であることを認識し，心の不調を感じたら早めに相談や受診をする。

(4)歯周病を予防する

➔歯周病は，さまざまな病気につながる。丁寧な歯磨きと定期的な歯科健診を受け，60歳で自分の歯を24本残せるようにする。

やってみよう！練習問題 思

次の記述のうち，誤っているものを一つ選びなさい。

A　中年期は身体の機能が徐々に低下し，社会的には，仕事や家庭での役割や責任が最も大きい時期で，疲労やストレスがたまりやすいが，若いときに比べ疲労の回復に時間がかかる。

B　更年期障害は男女ともに発生するが，「のぼせ・ほてり・発汗」は女性に多い症状だ。

C　歯周病は，口腔内の問題なので，他の病気にはつながりにくい。

D　メタボリックシンドロームは，脳梗塞や心筋梗塞など生命にかかわる疾患につながる危険性がある。

MEMO

❼ 高年（高齢）期の健康 知

◎高年期の特徴……高年期（(①　　　歳）以上）は，人生の完成期で，それまでの知識や経験を地域社会にいかせる時期。高齢者の平均余命や（②　　　　）寿命，体力は向上しているが，加齢と共に身体の老化が進み，生活習慣病の発症が増える。

◎高年期の健康課題……この時期の死因の第1位はがん，第2位が（③　　　　　），第3位が脳血管疾患や老衰である。介護を要する要介護・要支援認定者は増えており，65歳以上の2割弱，75歳以上の3割超を占める。介護が必要となった主な原因は（④　　　　　）や脳血管疾患（脳卒中）である。QOLの低下につながる視力や聴力の低下，咀嚼力の低下，筋力の低下，骨や関節の障がいなども増える。老老介護などの困難がきっかけで，うつ病になる人も多い。また，食欲が落ちたりして食事を簡単にすませることが増えるため，低栄養のリスクも高まる。

◎高年期の健康目標

(1)日常生活のなかで意識的にからだを動かす
➔無理のない程度に，足腰をきたえる軽い運動やストレッチをし，買い物や散歩などで出来るだけ歩く。

(2)低栄養や塩分のとり過ぎに気をつける
➔食事が簡素化しやすいため，バランスのよい食事をとる。味覚の変化による塩分のとり過ぎに注意する。

(3)歯や口腔の健康を保つ
➔口腔機能の低下の予防には，歯（入れ歯）磨き，口の体操，唾液腺のマッサージをして，80歳で自分の歯を（⑤　　　）本残す。

(4)閉じこもりにならず，人とのつながりを保つ
➔週（⑥　　　）日以上の外出を心がける。

(5)認知症の予防と早期発見・早期対応を心がける
➔運動や食事に気をつけることや，社会活動への参加が予防につながる。異変に気づいたら早めに専門医を受診する。

(6)うつ病のサインに注意する
➔心の不調よりもからだの不調を多く訴えるため，高齢者のうつ病は気づきにくい場合がある。不安や緊張が強いのも特徴で，自殺につながることもあり，注意が必要である。いつもとようすが違うと感じたら，医療機関を受診する。

(7)事故（転倒・窒息。・溺死など）や熱中症に気をつける。
➔家の内外の環境を確認する。

やってみよう！練習問題 思

次の記述のうち，正しいものには○，誤っているものには×を記入しなさい。

A　老老介護は高齢者が高齢者を，認認介護は認知症の高齢者が認知症の高齢者を介護することをいう。

B　歯の健康を保つ運動に，70歳で自分の歯を20本残そうという取り組み（7020）がある。

C　味覚は加齢とともに変化するので，高年期では塩分のとりすぎに気をつける。

D　趣味に打ち込むことや，ボランティア活動へ参加することは，認知症の予防にはならない。

A		B		C		D	

第2章

少子高齢化の現状と高齢者の特徴

年　組　番　名前

検印

1 少子高齢化の現状

教 p.28〜p.29

1 人口の少子高齢化 知

◎日本の少子高齢化の過程……以下の要因があいまって，出生数が減って長生きする人が増えた結果，急速な人口の少子高齢化が進んだ。

・第二次世界大戦後，1947〜1949年の第一次（①　　　　）後，子どもの数が減って，（②　　　　）は低下し続けた。

・1975年ころから，平均初婚年齢が男女ともに上昇し，いわゆる（③　　　　）が始まった。

・（④　　　　）の進歩や栄養の改善により，（⑤　　　　）が低下した。

◎日本の高齢化率

・総人口に占める65歳以上の人口比率を（⑥　　　　）といい，一般に，その高齢化率の比率が7%以上を（⑦　　　　），（⑧　　　　）%以上を高齢社会と呼ぶ。

2 日本における高齢化率と高齢化の速度 知

・日本の⑥は高く，ドイツ，（⑨　　　　），スウェーデンなど高齢化率の最も高いグループであり続けると予想されている。また，高齢化の速度は速く，フランスが高齢化社会から高齢社会になるまで100年以上もかかった期間を，日本は（⑩　　　　）年で到達している。

やってみよう！練習問題 思

次の記述のうち，正しいものには○，誤っているものには×を記入しなさい。

A　出生率と死亡率はそれぞれ人口1,000人あたりの出生数，死亡数で示し，単位記号は%（パーセント）である。

B　少子高齢化は，男女の平均初婚年齢の上昇とはあまり関係がない。

C　第二次ベビーブームとは1971〜1974年ころをいい，出生した世代は団塊ジュニアとよばれる。

D　日本は高齢化率7%から14%へ要した期間は24年で，高齢化の到達点・速度において高い水準にある国である。

A		B		C		D	

MEMO

2 家族・地域の変化　教 p.30〜p.31

❶ 高齢者の暮らし方 知

◎家制度と家族関係……高齢者の暮らしの困難な状況は，一緒に暮らしている人や家族との関係によって異なる。心身が弱くなってからは，家族や地域の（①　　　　）があればその困難がやわらぐ。また，家族関係に大きくかかわるのが戦前から続く（②　　　　）で，第二次世界大戦の前と後では，状況が大きく異なる。

大戦前：（③　　　）は先祖から子孫へと継承され，その担い手は長男であった。結婚した長男は親と同居し，経済的に養い，介護やみとりまでが当然の（④　　　　）とされた。

大戦後：親と既婚子との（⑤　　　　）は年々低下し，高齢者の夫婦世帯や（⑥　　　　）世帯が増えている。

・同居率とは，高齢者が子どものだれかと同居している比率をさすことが多いが，最近では同一建物内別居，同一敷地内別居，隣に住む（⑦　　　　）やわずかに離れて住む（⑧　　　　）なども増え，同居と別居の間の線引きは複雑化，多様化している。

❷ 高齢化と世帯構成の地域差と福祉サービス 知

・高齢化率や高齢者の世帯構成には地域差があり，市町村単位でも大きく変わる。市町村ごとの違いは高齢化率だけではなく，気候や（⑨　　　　）の便など多岐にわたる。たとえば，豪雪地域での雪下ろし作業は，雪国では欠かせない（⑩　　　　　　　）の一つである。地域の実情に合ったサービスを考える必要がある。

やってみよう！練習問題 思

次の記述のうち，正しいものには○，誤っているものには×を記入しなさい。

A　法律や行政では「家族」という言葉はほとんど使われず，「住居と生計を一つにする集団」として「世帯」という言葉が使われる。

B　第二次世界大戦前は，家制度の規範が強く，結婚した長女が親と同居して経済的に養い，介護やみとりをすることが当然の義務だと考えられてきた。

C　日本国内の高齢化率は，おおむね都市部やその周辺では低くなっている。

D　福祉サービスは地域の実情を無視して，全国で一律のサービスをつくるべきだ。

A		B		C		D	

MEMO

第2章

3 高齢者の心身の特徴

教 p.32〜p.33

1 高齢者の心身の特徴と病気 知

◎加齢と老化……人間の（①　　　　　）は誕生から全生涯にわたる。なかでも，心身の成熟が完了した以後に，衰退を主とする（②　　　　　）が見られる。食事や睡眠などの生活習慣は，老化を促進したり病気や障がいの出現に影響する。加齢による変化は，他の年代に比べて高齢者に特徴的に現れ，現れ方には個人差がある。

◎高齢者の身体的特徴……加齢によってさまざまな身体的変化が起こる。認知症になったり，（③　　　　　）が低下して，（④　　　　　）状態が悪くなったり，からだの水分量が減り，（⑤　　　　　）や便秘になったりする。皮膚感覚もにぶくなり，内臓の機能も低下する。老化による変化は，健康に影響を及ぼす。

◎高齢者の心理的特徴……短期的な記憶力に低下が見られるが，古い昔の記憶や体験の記憶は保たれる。短時間で多くのことを記憶したり，計算したり，流ちょうに話す（⑥　　　　　）知能は減退するが，人生経験で得た能力や，判断力，理解力，漢字や言葉の意味を理解する能力の（⑦　　　　　）知能は維持される。

2 個人差とエイジズム 知

（⑧　　　　　）とは年齢にもとづく偏見や，（⑨　　　　　（行動や考え方が固定的，一過的なこと））にもとづく差別の総称である。同年齢の高齢者でも健康面には個人差があり，高齢者を一律に「老化で何もできない人」と差別することは，人種差別や（⑩　　　　　）と同様の重大な差別問題と考えられている。

やってみよう！練習問題 思

次の記述のうち，正しいものには○，誤っているものには×を記入しなさい。

A　加齢による変化は，老若変わりなくいずれの年代でも現れるが，高齢者には特徴的に現れる。

B　体内に占める水分量は，新生児では体液が体重の約80％で，成人では約60％だが，高齢者ではほぼ45％程度で，加齢と共にかなり減少する。

C　高齢者には短期的な記憶力の低下が見られる。

D　医療介護の現場で，高齢者に親切にしてあげようと，幼児と話すように簡単な言葉をかけてあげたのは，エイジズムではない。

A		B		C		D	

MEMO

4 高齢者の病気

教 p.34〜p.35

❶ 高齢者の恒常性機能 知

・人のからだは（①　　　　　）機能を備えている。恒常性とは身体内部および外部の変化に応じて調整し，常に安定性を保とうとするはたらきをいう。恒常性を（②　　　　）するためにからだのなかでは，寒暖，外傷，怒り，不安などのストレスの原因になる物理的・精神的要因（(③　　　　　)）を防御したり，ストレッサーによるダメージを回復する力が働いている。

・恒常性機能の低下……この機能の低下により，高齢者は疾病の症状が典型的でなかったり，合併症や（④　　　　　　（廃用症候群））など，複数の疾病を持ったり，病状が急変したりする。他には，回復に時間がかかったり，脱水や血液や細胞の中の水とナトリウムなどのバランスがくずれた状態である（⑤　　　　　　）異常，意識障害などにもなりやすい。例えば，高齢者は体内の水分量が少ないので，のどの渇きを感じにくく，水分を摂取しないことがあったり，腎機能の低下・尿の近さからトイレに行く回数を減らそうと水分摂取を控える傾向がある。そのために脱水症状が起こり，水・電解質異常によって昏睡やけいれんを起こすこともある。これらは恒常性と恒常性を維持する力の変化によって引き起こされる。

❷ 高齢者の老年病 知

・老年病（老人病）……高齢者特有の疾患の総称である。成人期には少なく，高齢期に入って多く見られ，成人期の疾患の症状や治療法とは異なり，65 歳以降の高齢者の死因の上位を占める。

＜代表的な老年病＞

(1)認知症：いったん正常に発達した知的機能が持続的に低下し，日常生活に支障をきたす状態。

(2)（⑥　　　　　）疾患：脳の血管が破れたり詰まったりする病気の総称。

(3)心疾患：心臓の病気の総称。心臓の血管が狭くなる（⑦　　　　　）や血管が詰まる（⑧　　　　　）が代表的である。

(4)（⑨　　　　　）肺炎：食べ物が食道でなく気管に入って起こる炎症のこと。

・生活習慣病以外の老年病……生活習慣病と異なる老年病としては，次のようなものがある。

(1)（⑩　　　　　　）：全身の筋肉量が減って，立ったり歩いたりする運動力が弱くなった状態のこと。

(2)（⑪　　　　　　）：体重の減少や疲労感があり，歩く速さが遅く，要介護の一歩手前の状態のこと。身体的，精神的，社会的側面から判断される。

(3)（⑫　　　　　　）シンドローム：骨や筋肉，関節，神経など，運動に必要な組織や器官に障がいがあり，立ち上がることも歩くこともできず，バランスがとれない状態のこと。

やってみよう！練習問題 思

次の記述のうち，正しいものには○，誤っているものには×を記入しなさい。

A　過度の安静や活動性の低下によって筋力が低下し，歩行などの活動ができなくなることを生活不活発病という。

B　高齢者は，体内に占める水分量は比較的少なく，のどの渇きを感じやすい。

C　老年病は高齢期特有の疾患であり，成人期にはない疾患である。

D　老年病は，食事，運動，睡眠などの日常生活のなかで予防するように心がけることが大切だ。

A		B		C		D	

第2章

5 高齢者に見られる主な疾患や症状

教 p.36〜p.39

1 麻痺 知

◎麻痺の原因……麻痺は，脳や（① 　　）など神経に障がいが加わって起こる。原因には，脳の血管が詰まって起こる（② 　　），脳の血管が破れて出血する（③ 　　）などの脳血管疾患と，首や背骨の骨折時に起こる（④ 　　）などがある。高齢者には，脳血管疾患の麻痺が多く，（⑤ 　　）が必要になる原因の第1位である。

◎麻痺の症状……脳に障がいを受けた部位によって，症状や障がいの重症度は異なる。麻痺のなかでは，からだの左右一方の片側だけの腕と脚に起こる（⑥ 　　）が多い。腕のどちらか一方だけの麻痺は（⑦ 　　），両脚の麻痺は対麻痺，両手両脚の麻痺は四肢麻痺という。麻痺は動かないばかりでなく，熱さや痛さの感覚もなくので，けがややけどに注意する必要がある。

・脳血管疾患には麻痺の他，コミュニケーション障害で，言語をつかさどる部位の損傷による失語症，声帯や舌，唇など発声器官を動かす脳神経の損傷による（⑧ 　　）があり，さらに，視野障害や，やるべきことを知りながら，思いどおり行動できない（⑨ 　　），症状の自覚のない脳梗塞，通称・隠れ脳梗塞ともいう（⑩ 　　）などもある。

2 聴覚障害 知

・高齢者の難聴の多くは老人性難聴で，加齢以外に原因がなく，（⑪ 　　）歳以上になって両耳が同じ程度聞こえづらくなった状態をいう。聴力検査で（⑫ 　　）dB 以上の聴力の低下がある場合に難聴と診断される。高齢者の聴力は，高音域から徐々に中・低音域も聞き取りにくくなる。耳からの情報が入りにくくなり，不安やイライラなどが起こったり，警報やサイレンなどが聞こえないことによって，事故に巻きこまれたりといったことがある。

やってみよう！練習問題 思

次の記述のうち，正しいものには○，誤っているものには×を記入しなさい。

A　失語症は，脳の言語をつかさどる部位の損傷により，一度獲得した言語の機能に障がいが生じることである。

B　失行は，やるべき運動を理解しているにもかかわらず，思い通りの行動ができないことである。

C　無症候性脳梗塞とは，脳梗塞と似た症状が現れる，脳梗塞とは別の疾患である。

D　高齢者と会話をするときに大きく高い声で話した。

A		B		C		D	

MEMO

3 視覚障害 知

○視覚障害の症状

(1)（①　　　　）：一般的に老眼とよばれ，加齢に伴い水晶体が弾力を失い，ピントの調節力が弱まり近くに焦点を当てにくくなる。

(2)（②　　　　　　　）：水晶体が白濁することによって起こり，視界全体が白っぽく霧状に見える。

(3)（③　　　　）：眼圧（眼球の形を保つための眼球内の液体の圧力）が高くなり，視神経に障がいが起こって視野が欠ける。

(4)（④　　　　　　　）：見ようとするものがゆがんで見えたり，中心部がぼやけたりする疾患。網膜の中心部分（黄斑）がダメージを受け変化して起こる。

4 認知症 知

○認知症の種類……認知症とは，正常に発達した知的機能が，持続的に低下し，（⑤　　　　　）に支障をきたす状態のことで，支障をきたさない一般的な「物忘れ」とは異なる。認知症には，脳血管性認知症，（⑥　　　　　　　　）型認知症がある。

○認知症の症状

・脳血管性認知症：脳血管の障がい発生部位や程度により症状が異なる。初期のころは日や時間によって，症状のある・なしや，できること・できないことに差がある（⑦　　　　　　）の状態が認められる。

・アルツハイマー型認知症：進行性で，最近の新しい記憶を保持する力（（⑧　　　　）力）の低下が初期に見られ，やがて古い記憶にも障がいが現れる。時間や場所，人物を認識する機能の障がい（（⑨　　　　　　））が見られ，判断力も低下する。

やってみよう！練習問題 思

次の記述のうち，正しいものには○，誤っているものには×を記入しなさい。

A　老眼は老視と同じ意味の言葉である。

B　加齢黄斑変性になると見ようとする物の中心部以外がぼやけて見える。

C　まだら認知症は，脳梗塞や脳血管疾患から発症することがある。

D　脳血管性認知症は，症状が進むと移動に障がいが出るが，アルツハイマー型認知症は日常動作が活発で，夜中に動き回ったりする。

A		B		C		D	

MEMO

第
2
章

6 高齢者の生活課題と施策

教 p.42〜p.47

❶ 高齢者の生活課題 知

◎就労や経済的問題……自分らしい高齢期を過ごすために必要なのが，安定した（① ）である。高齢期になると，被雇用者の多くには（② ）退職がある。各自が貯金や資産運用などをしていても，それだけで生活費をまかなうには，定年後の高齢期はあまりにも長い。そこで，定年退職後にも働きたい人が多くなっているが，パートやアルバイトなどの期間限定の雇用契約で働く（③ ）が多く，就業収入は退職前より減少する場合がほとんどである。高齢期安定的・継続的に収入を得ることが難しくなるため，それに備えた公的な（④ ）制度がある。

◎健康や家事・介護問題……高齢者には（⑤ ）による変化があるが，個人差がある。何らかの自覚症状を訴える（⑥ ）はほぼ半数を数えるが，日常生活に影響のある人は多くない。健康を維持しても，若いころから，自分の身の回りのことや家事などを自分でするように習慣づけていないと，高齢期に入っての日常生活の自立は難しい。自立できず，介護が必要になったときに，支援をどこに求めるか，（⑦ ）を知っておくことも重要である。

◎精神的問題……仕事（職業的生活）からの引退や子どもの独立で，人生のなかで大きな位置を占めてきた役割を失うことが多くなる。さらに配偶者や友人との死別などがあると，（⑧ ）を喪失し，（⑨ ）を強く感じる人も増えてくる。生活の変化への適応に困難を感じたり，うつ病や認知症になる人も出てくる。一方，役割から解放されて，趣味や学習，ボランティア活動など新たな生きがいを見いだす人もいる。社会との接点を持ち，豊かな人間関係を築くことは生きがいをもたらしたり，高齢者が自分たちの問題を解決したりするきっかけになることもある。

やってみよう！練習問題 思

次の記述のうち，誤っているものを一つ選びなさい。

A　非正規雇用とは，期間を限定した雇用契約のことである。

B　高齢者世帯とは65歳以上の者のみで構成，またはそれに18歳未満の未婚の者が加わった世帯のことである。

C　病気やけがなど，何かしらの自覚症状がある人のことを有訴者という。

D　高齢期はさまざまな役割から解放される時期で，だれもが生きがいを感じやすくなる。

MEMO

❷ 高齢社会に対する施策 知

・基本的な高齢社会対策の指針は，就業・年金・健康・医療・介護・社会参加・学習などの分野で，高齢社会対策基本法にもとづく高齢社会対策大綱によって示されている。

◎雇用・就業支援

⑴高齢者の雇用……意欲と能力がある限り，年齢に関係なく働き続けられる社会（(①　　　　))の実現に向けて，いまさまざまな取り組みが進められている。

・(②　　　　）歳までの就業確保を事業主の（③　　　　　　）とする

・定年退職後の再就職・起業の支援

・臨時的・短期的に身近な地域で働けるよう（④　　　　　　　　　）事業の支援

⑵育児・介護休業法……一定の条件を満たせば，介護や育児のためにが休業できるようになった。おおむね，育児休業は，子が1歳になるまで休業することを保障し，介護休業は，要介護状態の家族一人につき通算93日を上限とする休業の権利を認めるものである。近年は，父親の産後パパ育休（(⑤　　　　　　　）休業）の権利も保障されたが，育児休業の取得率には大きな男女差がある。

◎年金……公的年金制度には，基礎年金でもある（⑥　　　　　　）制度と，(⑦　　　　　　）制度がある。国民年金制度は，日本に住所を持つ20歳以上60歳未満の者は全員加入が義務づけられている。保険料の支払いは原則20歳から，障がい者には障害基礎年金が給付され，加入期間10年以上で65歳から（⑧　　　　　　）年金を生涯受給できる。学生で保険料の支払いができない場合には，(⑨　　　　　　　）制度があり，申請により在学中の保険料納付が猶予される。一定条件を満たす被用者になれば，厚生年金制度にも加入できる。この年金制度は，加入時から，保険料を被用者と従業先が共に支払い，10年間以上の納付で，納付期間と給料水準に応じた（⑩　　　　　　）が支給される。なお，国民年金制度の被保険者には，農業，自営業，学生，無職の人の第1号被保険者，厚生年金加入者の会社員，公務員の第2号被保険者，第2号被保険者に扶養されている配偶者の第3号被保険者の3種類がある。第3号の人は，(⑪　　　　　）の支払いが条件を満たせば，保険料納付がなくても年金の受給権を得られるが，第1号の場合は加入が個人単位のため，夫婦ともこの被保険者の場合には，夫婦別々に保険料の納付が必要となる。

やってみよう！練習問題 思

次の記述のうち，正しいものには○，誤っているものには×を記入しなさい。

A　政府は，本人の健康状態と安全性を重視した社会（生涯現役社会）の実現に向けて取り組んでいる。

B　シルバー人材センターは，高齢者が働くことを通じて生きがいを得ると共に，地域社会に貢献するための組織で身近な市区町村におおむね一つある。

C　2021年の育児休業は，男女問わず85％以上が取得した。

D　国民年金の被保険者のなかには，条件を満たせば保険料を納めなくても年金受給できる人がいる。

A		B		C		D	

第2章

◎安全……高齢者は事故や事件に巻き込まれ，被害者になりやすい。次の3点には，特に注意したい。

(1)交通安全……高齢者の人口10万人あたりの交通事故死者数は，大きく減少している一方，交通事故死者数全体に占める65歳以上の高齢者の割合は，ここ10年以上も（①　　　）％台を割らない。これに対し，（②　　　　　　　　）にもとづき，交通安全教育，生活道路における人優先の歩行空間の整備などの対策が取り組まれている。

(2)詐欺……特殊詐欺といわれる「（③　　　　　　）詐欺」や役所から戻ってくる金があるとだます「（④　　　　　）詐欺」は，その手口がさまざまで巧妙化し，もうかる取引だと架空企業への（⑤　　　）を勧誘する「悪質商法」の被害も目立つ。高齢者の被害も多いので，警察が主体になって高齢者宅を巡回し，相談にのるなど取り締まり活動が行われている。

(3)自然災害……火災，震災，水害，土砂災害など自然災害は多い。時には人災と絡みかねない原発被災のようなものもある。災害情報の迅速かつ的確な伝達，避難準備の円滑化など，ふだんから災害弱者を支援する「（⑥　　　　　　）策定」などの方策が必要とされる。

◎生きがいと社会参加・学習機会

仕事からしりぞいた高齢期は，生きがいを喪失しやすい時期でもある。生きがいを再び取り戻せるよう，支援する活動がある。

(1)老人クラブ……およそ60歳以上の高齢者をメンバーとする全国に（⑦　　　）万近くある自主組織。「（⑧　　　　　　）法」では，「地方公共団体は，老人の福祉の増進を目的とする事業の振興，当該事業を行う者への適切な支援」をうたっているが，参加者の減少や参加率低下の傾向にある。活動は多岐にわたり，環境美化，（⑨　　　　　）の継承，社会貢献活動，趣味やレクリエーション，ゲートボールなどのスポーツの他にも，健康づくり活動，高齢者同士の交流などがある。

(2)生涯学習……急速な社会変化への対応や，他の人との交流の機会を持つためには「生涯学習」が重要。（⑩　　　　）大学や公民館での講座，自治体や教育委員会の高齢者対象の「老人大学」，「シルバー大学校」などを利用したい。

(3)その他の活動……「ふれあいいきいきサロン」など，社会福祉協議会などが普及に取り組んでいる。また，世代間交流プログラムや，シルバーボランティアプログラムなど，多様に展開されている。

やってみよう！練習問題　思

次の記述のうち，正しいものには○，誤っているものには×を記入しなさい。

A　高齢者の人口10万人あたりの交通事故死者数は近年，大きく増加している。

B　振り込め詐欺については高齢者の被害が多いことから，警察を主体に高齢者宅を巡回し相談に乗る活動を行い，取り締まり活動を推進している。

C　高齢者は，自然災害の被害を受けるケースが多くみられる。病院や老人ホームなどの避難計画化策など，ふだんから災害弱者を支援する方策を考えておく必要がある。

D　老人クラブの活動は多岐にわたるが，自主組織で援助が得られないため，大変な活動である。

A		B		C		D	

第3章 高齢者の自立支援

年　　組　　番　名前　　　　　　検印

1 人間の尊厳

教 p.52～p.55

❶ 人間の尊厳 知

◎法律上の尊厳……「すべての人間は，生まれながらにして自由であり，かつ，（①　　　　　）とについて平等である」（「世界人権宣言」第1条…1948年）

・日本国憲法でも，すべての国民に基本的人権の尊重がうたわれており，また，健康上や社会的な弱者を守るため，医療法（第1条の2）や（②　　　　　）法（第3条）でも，人間の尊厳の保持が掲げられている。

◎高齢社会の自立支援

・高齢化率が30% に達する（③　　　　　）の日本では，要介護の高齢者が増え，さらに核家族化や個人主義が蔓延するなか，社会的に孤立し，孤独や生活困窮に陥る人が増えている。これらの人々を地域や社会で支えるため，各種制度により一人ひとりの自立支援，尊厳を保障するような社会的しくみとそのあり方が求められている。

・家族が担ってきた介護を，社会共通の課題として担ってゆく介護の（④　　　　　）も求められる。

❷ ノーマライゼーション 知

◎ノーマライゼーションの原理……だれもが，ノーマル（ふつう）に地域で暮らせる社会の実現をめざす理念。北欧で提唱され，知的障害者福祉法に盛り込まれて普及し，世界的に広がった。

・ノーマライゼーションの八つの原理

(1)（⑤　　　　　）のノーマルなリズムの提供……起床，食事，入浴，就寝など

(2)一週間のノーマルな生活上の日課の提供……家庭生活，余暇，通勤・通学，学習・労働など

(3)一年間のノーマルなリズムの提供……行事，祝いごと，バカンスなど

(4)（⑥　　　　　）におけるノーマルな発達的経験をする機会を持つこと……就学・就職など

(5)本人の願いや選択，要求が配慮され，尊重されること

(6)男女が共にいる世界で生活すること

(7)ノーマルな経済水準が与えられること

(8)ノーマルな（⑦　　　　　）水準が与えられること……病院，学校，福祉施設，住宅など

◎ノーマライゼーションの実現……ノーマライゼーションは理念だけでなく実現することが大事。障がいを持つ人が，普通の生活をしようとするとき，さまざまな障壁（バリア）に遭遇する。段差や障害物などの物理的なバリアだけでなく，偏見や（⑧　　　　　）などの心理的なバリアを取り除くため，（⑨　　　　　）が2006年に制定，2018年に改正された。

やってみよう！練習問題 思

次の記述のうち，正しいものには○，誤っているものには×を記入しなさい。

A　日本国憲法ではすべての国民に基本的人権の保障がうたわれている。

B　超高齢社会とは，高齢化率が25% 以上の社会をいう。

C　ノーマライゼーションは1959年に北欧のスウェーデンで提唱，普及された理念である。

D「高齢者，障害者等の移動等の円滑化の促進に関する法律」とは，バリアフリー法のことである。

A		B		C		D	

❸ ユニバーサルデザインとは 知

・障がいの有無にかかわらず，だれでも使いやすい道具や空間である，ユニバーサルデザインが提唱されている。

＜ユニバーサルデザインの七つの原則＞

⑴だれにでも（①　　　　　）に利用できること

⑵使ううえで（②　　　　　）度が高いこと

⑶使い方が（③　　　　　）ですぐわかること

⑷必要な情報がすぐに理解できること

⑸うっかりミスや（④　　　　　）につながらないデザインであること

⑹無理な姿勢をとることなく，少ない力でも楽に使用できること

⑺アクセスしやすい（⑤　　　　　　　）と大きさを確保すること

❹ 障がいによる差別の解消と合理的配慮 知

◎合理的配慮とは……すべての人の（⑥　　　　　）や尊厳を守られるよう，各人の特徴や場面に応じて，（⑦　　　　　）や障壁を取り除く調整や変更のことである。

◎合理的配慮の意味……「（⑧　　　　　　）」とは，障がい者への配慮が「必要かつ適当な程度や内容」で過度な負担にならないことを意味する。行政や事業者が，よく話し合い，「どのような配慮が可能なのか」を常に検討することが重要である。

やってみよう！練習問題 思

次の記述のうち，正しいもの一つを選びなさい。

A　障がいのある人が喜んで便利に使えるものであれば，それはユニバーサルデザインである。

B　自由に使えることが，ユニバーサルデザインの第一原則だ。

C　ユニバーサルデザインには，アクセスしやすいスペースと大きさを確保することも大事な原則の一つである。

D　障がいのある人の人権を守れば，合理的な配慮がなされたことになる。

MEMO

2 高齢者介護の考え方

教 p.56〜p.59

❶ 介護予防から介護体制の確立まで 知

介護の定義と介護予防

・介護の定義……日常生活に（①　　　　）やそのおそれがある高齢者の尊厳や自立，自己実現等を支えるために，本人のニーズと心身の状況に応じた身体的・精神的・社会的・文化的・予防的援助により，その人らしい生活を（②　　　　）すること。介護では，（③　　　　　）を維持・拡大できるよう，高齢者が目標を持って生活（④　　　　　　　　　）に取り組むことが大事である。

・介護予防……加齢による心身変化に伴う疾患などで，要介護状態の予防や悪化防止，要介護状態の軽減や良好状態をはかること。心身に対応した活動など，社会参加や生活機能の維持・向上を積極的にはかることが予防効果を高め，「その人らしさ」にもつながる自己実現を促し，自立支援ともなる。介護職は，まず，心身や（⑤　　　　　）の徴候に気づけるよう観察し，（⑥　　　　）の視点から介護することが望まれる。また，これまでの介護プログラムに加え，生活環境の調整や地域での居場所づくりなど課題解決への参加なども期待され，さらに，科学的介護の推進も求められている。

家族への支援と介護体制の確立

・家族への支援……要介護高齢者と同居する家族への支援も重要で，高齢者に対する尊厳と自立は，家族にも保障される。家族介護には，（⑦　　　　）介護，要介護高齢者の重度化，介護の（⑧　　　　）化，経済不安，遠距離化といった特徴があり，それらに起因する虐待や介護（⑨　　　　）など社会的問題への対策が望まれる。認知症高齢者の増加に向けた政策には，介護にかかわる家族や知人に対し，地域で暮らし続けられる（⑩　　　　）サービスや認知症カフェなども増えつつある。

・介護体制の確立……要介護高齢者の居場所づくりや地域社会との関係の継続には，家族介護の負担軽減が不可欠。家族介護者が介護を続けながら自己実現をめざすには，フォーマル・インフォーマルを問わずサービスの活用とさらなる拡充した介護体制が望まれる。

やってみよう！練習問題 思

次の記述のうち，正しいものには○，誤っているものには×を記入しなさい。

A　高齢者の介護では，個性の強い人もいるので，その人らしい生活を支援することはできない。

B　介護職は，高齢者の心身や生活悪化の兆候に気づけるようよく観察し，予防の視点を持って介護を展開することが重要だ。

C　家族介護に起因した社会的な問題に対するさらなる対策が期待されている。

D　インフォーマル（非公式）なサービスとは，法律にもとづいた支援である。

A		B		C		D	

MEMO

第3章

◎介護の価値観や職業倫理

・介護の価値観……介護の価値観は，(1)介護の目的を意味するもの，(2)それを実現するための手段を意味するものに分類される。

・介護職の職業倫理……介護の価値観を日々の実践を通じ，実現するには倫理が重要である。「介護福祉士の（①　　　　）綱領」には，介護を遂行するうえで遵守すべき判断基準が示されている。これは，一人ひとりの介護福祉士が，専門的介護の（②　　　　）向上をはかり，サービス提供に最善をつくし（③　　　　）責任を遂行するためのものである。

◎生活支援に向けたリハビリテーション

・リハビリテーションの意義と目的……リハビリテーションとは，心身の障がいのある人の身体機能も含めた（④　　　　）な復権を理念とし，その人の持つ（⑤　　　　）を最大限に発揮させ，自立を促すために用いる専門的技術である。従来からの医学的，職業的，社会的，教育的な四領域に加えて，心理的領域も着目されている。また，生活する地域での自立支援をめざす（⑥　　　　　　　　）は，地域包括ケアシステムにおいて重視されている。

・リハビリテーションと介護……介護職は，科学的介護が推進されるなか，生活の場での機能回復訓練や，住宅改修，福祉用具を導入するうえでも，リハビリテーションの専門職とのさらなる連携を必要としている。生活行為の中にリハビリテーションをとり入れ，（⑦　　　　　　　　）（ADL）を維持・拡大していく方法を「見える化」して多職種に発信することが求められる。このような生活リハビリテーションは，認知症高齢者であっても，QOLを高められるように，コミュニケーションをはかりながら進めていくことが大切である。

・地域や生活のなかでのリハビリテーション……要介護高齢者は，身体機能が悪化しやすいため，状態を悪化させないことが大切である。可能な限り（⑧　　　　　）を地域や日常生活において引き出せるようにする場所が，地域で考案されており，参加者同士の交流や地域への愛着を高められる，ご当地体操などがその一例である。

やってみよう！練習問題　思

次の記述のうち，正しいものには○，誤っているものには×を記入しなさい。

A　介護の目的としての価値には，尊厳と自立や，自己実現などがある。

B　リハビリテーションとは心身の障がいのある人の身体機能を含めた全人的な復権を理念としている。

C　現在，科学的介護が推進されているので，介護職は，リハビリテーションの専門職との連携はあまり考えなくてもよい。

D　残存能力とは，障がいがあっても有する機能を発揮することができる能力のことで，「保有能力」「現有能力」と表現されることもある。

A		B		C		D	

MEMO

3 コミュニケーションと介護

教 p.60〜p.65

1 言語障害・麻痺・聴覚障害者・視覚障害者 知

◎言語障害・麻痺の介護

(1)言語障害コミュニケーションの留意点……高齢者に多い脳血管障害としては，失語症・構音障害などの（① 　　　　）や麻痺がある。

失語症

➔落ち着いた雰囲気のなかで，お互いの表情がわかるようにして，（② 　　　　）を添える。

構音障害

➔ゆっくり，短く話してもらい，言葉が曖昧な場合は，繰り返してもらう。首や肩を動かしてもらったり，姿勢を変えたりして工夫する。伝達手段に，五十音表・文字盤の使用や（③ 　　　　），パソコンの使用などがある。

(2)麻痺の介護の留意点……利き手の交換や（④ 　　　　）の活用，安全・安楽の確保や合併症の予防に努める。日常動作で関節にとって最も負担の少ない角度の（⑤ 　　　　）を保った体位変換や関節可動域の訓練，清潔の保持，筋の萎縮・緊張，皮膚（(⑥ 　　　　）・褥瘡・感染予防のため）の観察も必要である。食事の際には，麻痺側に食物が残ったり飲み物がこぼれやすいため，誤嚥に留意する。からだが麻痺側に倒れやすいことにも留意が必要である。

◎聴覚障害者の介護

(1)コミュニケーションの留意点……コミュニケーションへの意欲を高めることが大切である。手話・指文字や（⑦ 　　　　），身振り・手振り・顔の表情，文字（筆談）などを加えながら話す工夫が必要である。具体的には，静かなところで口の動きを見ることのできるよう顔を向けて話すこと，低い声でゆっくり文節単位で区切りながらはっきり話すこと，多くのことを伝えようとしないで（⑧ 　　　　）を確認しながら話すことなどに気をつける。

(2)介護の留意点……身の回りが自立しているように見える場合も，コミュニケーションを大切にして，介護前，介護中，介護後の確認をしながら進める。

◎視覚障害者の介護

(1)コミュニケーションの留意点……何かをする前には必ず名乗って声をかけ，動作を促す際にはあわてさせないようにする。物を示す場合には，「何時の方向」などと（⑨ 　　　　）で確実に位置を示す。離れる場合にも声をかける。

(2)介護の留意点……日常生活では，家事，外出など多様な支援を要する。安全を第一に，転倒予防，必要物品の整理整頓，手すりをつけるなどの（⑩ 　　　　）をはかる。

やってみよう！練習問題 思

次の記述のうち，正しいものには○，誤っているものには×を記入しなさい。

A　失語症の方との会話には，話す時の顔の表情や身振りは必要ない。

B　麻痺の障がいのある人には，障がいのある生活を受け入れられるように，利き手の交換や自助具の活用で，安全・安楽の確保や合併症予防に努める。

C　聴覚障害者とは身振り・手振り・顔の表情・文字（筆談）を加えながら話す工夫が必要である。

D　視覚障害者には何をするにも必ず声をかけるが，いつも接しているので名乗ったりはしない。

A		B		C		D	

第3章

❷ 認知症 知

◎認知症の介護

・認知症高齢者への対応

(1)高齢者の尊重と（①　　　　　　）支援

(2)暮らしの継続・生活環境の整備

(3)日常生活自立への支援

(4)（②　　　　　　　）病の予防

(5)（③　　　　　）アプローチによる悪化予防

(6)（④　　　　　　　）の地域支援

・コミュニケーションの留意点……認知症高齢者の対応には，相手の世界を受け入れ，「人」として尊重し，その人の視点や立場を理解する。認知症高齢者とのコミュニケーションをはかるうえでの考え方として提唱されたのが，（⑤　　　　　　　　　　　　　　　）である。

・認知症高齢者の「できること」と「できないこと」への対応

「できること」：（⑥　　　　　）に行動できるよう促す。
　　　　　　　できた時には共に喜び，満足感を得てもらう。
　　　　　　　失敗しても，（⑦　　　　　）を傷つけないように対応。

「できないこと」：（⑧　　　　　）ながら，声をかけてさりげなく支援。
　　　　　　　　共同作業するのもいい。

なお，コミュニケーションの具体的な対応は，次のとおり。

(1)一方的な気持ちでなく共に楽しむ。

(2)本人の話を（⑨　　　　）し，思いを受けとめる。

(3)本人の真意を読みとる努力をする。

やってみよう！練習問題 思

次の記述のうち，正しいものには○，誤っているものには×を記入しなさい。

A　認知症高齢者への対応の一つに生活不活発病の予防があり，本人の好きなことや関心事を大切にし，有する能力を活用して得意なアクティビティを継続する。

B　認知症高齢者への対応の一つに治療的アプローチがあり，医師だけで効果的な回想法や音楽療法などを検討する。

C　認知症高齢者は，暴言を吐いたり妄想したりする場合があるが，近隣への迷惑なども考慮して，地域支援の前に，まずは家族介護者が何らかの対応をすべきだ。

D　パーソン・センタード・ケアとは，認知症の人をひとりの「人」として尊重し，その立場に立ってコミュニケーションをはかろうとする考え方だ。

A		B		C		D	

MEMO

<認知症介護におけるコミュニケーションのポイント>

(1)（① ）を尊重し，自尊心を傷つけない。

(2)言動を受容し，なじみの関係を大切にする。

(3)利用者の人生観や世界観を理解し，（② ）を持って接し，利用者の言動の意味や真意を解釈する。

(4)（③ ）ことや理解の状況を把握し，コミュニケーションをはかる。

(5)穏やかで落ち着いた態度で，安心感を持ってもらえるよう，近くで話したり，目を合わせるなどの（④ ）なコミュニケーションを活用したりする。

(6)共に行いながら示し，自ら行動できるよう促す。

(7)今を大切にし，有する（⑤ ）や好きなことなどに働きかけ，利用者のよい点を表現する。

(8)情報は納得できるよう，なじみの言葉で（⑥ ）に伝える。

(9)伝える情報は（⑦ ）する。

(10)言葉だけでなく，文字や物を利用して伝える。

(11)（⑧ ）から話しかけないようにする。

(12)こちらのからだ全体が見える近い位置で，目を見て，（⑨ ）をはかりながら，利用者のペースを大切にしてゆっくりと会話する。

・ユマニチュード……知覚・感情・言語による包括的コミュニケーションにもとづいたケアの技法。

<ユマニチュードの四つの柱>

(1)見る……見ることで相手に伝わるメッセージがある。正面から見ることで正直さを，水平に見ることで平等であることを，近く，長く見ることで（⑩ ）を相手に届けることが出来る。

(2)話す……介護をするときにはついつい無言でテキパキと進めがちだが，「あなたのことを大切に思っています」と伝えるためには，その場に言葉をあふれさせることが必要である。ゆっくりとした穏やかな言葉は相手に（⑪ ）を届ける。

(3)触れる……相手をつかんでしまうとそんなつもりはなくても「この人は私の自由を奪っている，ひどい人だ」と相手に感じさせてしまう。ふれる時にはまず相手の手を下から支えることで優しさを伝える。

(4)立つ……からだを起こすことも，その人らしさを保つために大切である。1日20分立つ時間をつくれば，寝たきりを予防できる。歯磨きや着替えは立って行う，食卓まで歩くなど，少しずつ立つ時間をつくって，合計20分をめざす。

やってみよう！練習問題 思

次の認知症介護におけるコミュニケーションのポイントのうち，正しいものには○，誤っているものには×を記入しなさい。

A　認知症高齢者本人の生き方や世界観には賛同できず理解することをあきらめた。

B　背後から話しかけないようにする。

C　情報を伝えたのだが，なかなか理解できないようすで何度も問いかけるので，やや長い会話になってしまった。

D　スキンシップも言葉以外のコミュニケーションになるため，両手を肩でぎゅっと握って励ました。

A		B		C		D	

第3章

高齢者支援の法律と制度

年　組　番　名前

検印

1 社会保障・社会福祉制度のしくみ

教 p.66〜p.67

❶ 社会保障・社会福祉制度とは 知

社会保障・社会福祉制度は，日々の暮らしの安心や（①　　　）を支える公的制度である。
社会保険制度，社会福祉制度，公的扶助制度，保健医療・公衆衛生制度の四つの領域から構成されている。

❷ 社会保障・社会福祉制度の四つの領域 知

- 社会保険制度……医療保険，年金保険，介護保険などがある。病気やけが，出産，死亡，老年，障がい，失業など，生活上の困難に出会ったときに金銭の給付や（②　　　）の提供をして，生活の安定をはかる。国民すべてが加入し，支え合う社会制度である。人口高齢化に伴い，寝たきりや認知症の要介護状態になることの生活上の不安に備え，（③　　　）制度が創設された。
- 社会福祉制度……生活上の困難やハンディキャップを克服し，安心して生活を営めるようにする公的なしくみ。基本事項を定める法律に（④　　　）がある。福祉サービスの利用対象者ごとの法律もあり，老人福祉法や介護保険法，児童福祉法などがそれにあたる。
- 公的扶助制度……生活に困窮した場合，最低限度の生活を保障し，生活の（⑤　　　）を促す制度。代表的なものとして，生活保護制度がある。
- 保健医療・公衆衛生制度……健康な生活を支える制度である。病気予防，健康づくりなどの（⑥　　　）事業，母性の健康を保持・増進し乳幼児の出生と育成を支える（⑦　　　）保健，食品や（⑧　　　）の安全を確保するための公衆衛生制度がある。

やってみよう！練習問題 思

次の記述のうち，正しいものを一つ選びなさい。

A　社会保障・社会福祉制度は日々の暮らしの安心や安定を支える民営の制度である。

B　保険は，偶発的に出会った「できごと」に対し，あらかじめ積み立てた保険料で，事故に遭ったり病気になったりした人に給付するしくみのことである。

C　次世代育成支援対策推進法は，法律名に「福祉」の用語がないので，社会福祉制度を支える法律ではない。

D　介護保険とは2000年に創設された任意保険のため，加入していない人はサービスを受けられない。

MEMO

2 介護保険制度のしくみ

教 p.68〜p.73

❶ 介護保険制度とは 知

＜介護保険制度のあらまし＞

(1)実施責任者

・介護保険の実施主体は（① ）。

・市区町村が「保険者」，高齢者（サービス利用者）が「(②)」。

・保険料と公費を財源として介護保険事業を運営している。

(2)サービスの種類

・(③ ）サービス・施設サービス

・地域密着型サービス

・介護給付サービス・予防給付サービス

(3)サービス事業所の指定・監督

・事業所の指定と監督は，都道府県（政令市と中核市を含む）と市区町村。

(4)サービスの利用手続き

・市区町村に申請→要介護・要支援の認定→認定結果が通知される。

・介護保険施設への入所希望は，（④ ）で施設に申し込む。

・居宅サービスの利用を希望する場合は，（⑤ （ケアマネジャー））が高齢者や家族と相談しながら居宅サービス計画（ケアプラン）を作成。

・介護予防・生活支援のための「(⑥)」を利用できる。

◎介護保険制度の財政上のしくみ……介護保険制度の財政は，税金 50% と保険料 50% で支えられている。

・税金 50% の分担：国 25% + 都道府県 12.5% + 市区町村 12.5%

・施設サービス分：国 20% + 都道府県（⑦ ）%

・保険料 50% の分担：高齢者（第 1 号被保険者）約 20% + 現役世代（第 2 号被保険者）約 30%

・高齢者の利用料負担：原則 1 割，一定所得以上の高齢者：2 割か 3 割

・要介護の認定者は年々増加し，（⑧ ）の認定者の増加が著しい。

やってみよう！練習問題 思

次の記述のうち，正しいものには○，誤っているものには×を記入しなさい。

A　介護保険制度は，社会保険制度や医療保険と同じように，保険料さえ払えば，だれでもサービスが受けられる。

B　サービス事業所の指定や監督業務は，高齢者に最も身近で，具体的な事情に詳しい市区町村のみが受け持つ。

C　介護保険施設への入所希望は，介護支援専門員の手を借りることなく，自分で施設に申し込めばよい。

D　介護保険制度の財政は，税金と保険料でまかなわれているが，それぞれの分担負担割合は，50 % である。

A		B		C		D	

❷ 介護保険制度のしくみ 知

◎介護保険制度の実施責任者とサービス利用者

・(①　　　　　) 制度は，制度運営の保険者（実施責任者）とサービスを受ける被保険者からなる。介護保険制度の実施責任者は，行政組織の市区町村で，(②　　　　　) の徴収や，被保険者の (③　　　　　) 管理，(④　　　　　) 認定などの役割を担う。

	第1号被保険者	第2号被保険者
対象者	65歳以上	40～65歳未満の医療保険加入者
受給要件	・要介護者：寝たきりや認知症で介護が必要な状態 ・(⑤　　　　　)：要介護となるおそれがあり日常生活に支援が必要な状態	要介護・要支援状態が末期がん・関節リウマチなどの加齢に起因する病気＝ (⑥　　　　　)
保険料の徴収	所得段階別定額保険料。原則として，市町村が年金から天引きする。	医療保険者が医療保険料と共に徴収し，納付金として一括納付する。

・介護保険事業（支援）計画の作成（3年1期）
　市町村：介護保険事業計画　都道府県：(⑦　　　　　　　　) 計画

◎介護サービスの種類……大きな区分としては二つある。

都道府県，政令市，(⑧　　　　　) が指定・監督するサービス
＜介護給付を行うサービス＞
→居宅介護サービス（訪問サービス，(⑨　　　　　) サービス，短期入所サービス）
→施設サービス（介護老人福祉施設，介護老人保健施設，介護療養型医療施設，介護医療院）
＜予防給付を行うサービス＞
→介護予防サービス（訪問サービス，通所サービス，短期入所サービス）
市町村が指定・監督を行うサービス
＜介護給付を行うサービス＞
→ (⑩　　　　　) 型介護サービス・居宅介護支援
＜予防給付を行うサービス＞
→地域密着型介護予防サービス・介護予防支援

やってみよう！練習問題 思

次の記述のうち，正しいものには○，誤っているものには×を記入しなさい。

A　介護保険制度に加入の対象者として，第2号被保険者は年齢などの制限の他，医療保険加入者という条件を満たさなければならない。
B　要支援者は寝たきりや認知症で介護が必要な状態のことを指す。
C　介護保険制度の実施責任者は，4年を1期とする介護保険事業（支援）計画を，国の定める指針にもとづいて作成しなければならない。
D　地域密着型介護サービスは市町村が指定・監督を行うサービスだ。

A		B		C		D	

◎介護サービスの利用手続き……申請から一次・二次判定による認定まで

(1)介護保険制度にもとづくサービスの利用には（①　　　　　　）である高齢者または家族が，市区町村の担当窓口に要介護認定を申請する必要がある。

(2)一次判定：市区町村の認定調査

調査員が申請者をたずね，直接，高齢者本人の（②　　　　　）・精神的な状況を確認する。（③　　　　　）調査の結果から１日の（④　　　　　　）を算出し，必要な④から要支援1～2，要介護1～5の区分判定をする。

(3)二次判定：保険者である市役所に設置された（⑤　　　　　　　）会の判定

一次判定の結果を審査し，認定調査票，かかりつけの医師などによる（⑥　　　　　　　）にもとづき「要介護認定」の判定をする。

(4)２段階の判定後，正式に認定され，高齢者本人や家族は，判定結果を踏まえサービスを選択する。

◎介護サービス計画……サービスを選択し，利用するには介護サービス計画（ケアプラン）が必要である。

・居宅サービス計画（ケアプラン）

➔居宅介護支援事業所の介護支援専門員（（⑦　　　　　　　））が，利用サービスの種類・内容・頻度などから組み立てる。

・施設サービス計画（ケアプラン）

➔介護支援専門員の資格を持つ施設職員が，施設内での生活のあり方やリハビリテーション，食事のメニューなどから作成する。

◎介護予防への取り組み……介護予防の強化のため，2006年度から（⑧　　　　　　　）が市町村実施主体として実施されている。介護予防・日常生活支援総合事業，包括的支援事業，任意事業で構成されている。介護予防・日常生活総合事業のなかの，（⑨　　　　　　　）サービスは，要支援1・2の方や基本チェックリストで生活機能などに低下が見られる方が対象で，訪問型・通所型のサービスが代表的な事業である。また，一般介護予防事業は，要介護・要支援の未然防止を目的としている。

やってみよう！練習問題 思

次の記述のうち，正しいものには○，誤っているものには×を記入しなさい。

A　要介護認定の申請は，市町村の担当窓口へ，高齢者本人しか申請することができない。

B　要介護認定の二次判定は，かかりつけの医師などの主治医意見書と認定調査表にもとづき行われる。

C　要介護認定の一次判定では，書類のみで調査員が高齢者本人の状況を確認する。

D　地域支援事業のなかには，介護給付費適正化事業といった任意事業も含まれている。

A		B		C		D	

MEMO

3 さまざまな高齢者支援のしくみ

教 p.74〜p.77

1 サービス付き高齢者向け住宅制度 知

・サービス付き高齢者向け住宅制度：単身高齢者または高齢の（① ）世帯を対象にした安全で安心できる「住まい」を提供する制度。（② ）制で，バリアフリーなど（③ ）の基準が定められている。

→サービスには（④ ）確認や生活相談サービス，食事の提供，入浴などの介護，調理などの家事，健康の（⑤ ）などがある。

2 後期高齢者医療制度 知

・前期高齢者（65 歳以上，75 歳未満）→一般の人と同じ健康保険または国民健康保険に加入

・後期高齢者（75 歳以上）→後期高齢者医療制度に加入

・高齢者医療確保法（旧老人保健法）が 2008 年に制定され，後期高齢者が加入する独立した医療保険制度として，後期高齢者医療制度が創設された。都道府県単位で，すべての市町村が加入する（⑥ ）で運営される。運営費用の約（⑦ ）割が税金，約（⑧ ）割が現役世代の保険料，約（⑨ ）割が 75 歳以上の高齢者の保険料でまかなわれている。

3 バリアフリーの推進 知

・バリアフリー化の目的は，すべての人の（⑩ ）を困難にしている全分野でのバリアをなくすことであり，高齢者や身体的障害者に限らない。

やってみよう！練習問題 思

次の記述のうち，正しいものには○，誤っているものには×を記入しなさい。

A　サービス付き高齢者向け住宅制度の住宅には，サービスとして「生活相談」などもある。

B　後期高齢者医療制度は，国が主体となって運営されている。

C　後期高齢者医療制度の運営費用は，約 7 割が，現役世代の加入する各医療保険組合の保険料によってまかなわれている。

D　バリアフリーは高齢者や障がい者の安全だけが守られれば他の人たちが危険であっても良い。

A		B		C		D	

MEMO

❹ 認知症高齢者対策 知

・認知症施策推進大綱（2019年）……認知症施策推進大綱では，「共生」と「(①　　　　)」を両論に，施策が推進されている。認知症の発症を遅らせ，認知症になっても希望を持って（②　　　　）を過ごせる社会をめざしている。

・認知症や知的障害で判断能力の十分でない場合の財産管理などを支える（③　　　　）制度や，福祉サービスの利用援助，日常的な金銭管理をサポートする地域福祉権利擁護事業がある。

❺ 虐待防止施策 知

・高齢者に対する虐待行為は，家庭内のみならず，（④　　　　）施設でも発生している。

・虐待防止，権利・利益擁護の為，高齢者虐待防止法（「高齢者虐待の防止，高齢者の（⑤　　　　）に対する支援等に関する法律」）が定められている。この法律では，虐待の（⑥　　　　）や早期対応をめざすことを国・地方公共団体の公的な責務として，国民全体に対しては，虐待に対する（⑦　　　　）義務を，福祉・医療機関関係者には早期発見への協力を求めている。市町村には相談・通報体制の整備，ならびに被虐待高齢者の保護に関する権限を与えている。虐待防止の法律はこの他に，障害者虐待防止法，児童虐待防止法，配偶者暴力防止法などがある。

第4章

❻ 高齢者支援の今後の展望 知

◎ICTの活用，介護ロボット……要介護高齢者の増加に対し人材の確保が難しく，外国人を介護人材として活用する取り組みがなされている。高齢者の自立支援や介護者の負担軽減，業務の（⑧　　　　）などの観点から，ICT機器の活用，介護ロボットの普及が期待されている。

◎社会的排除と社会的包摂

・社会的（⑨　　　　）：「新しい貧困」の考え方で，経済的な資源の欠如や不足だけではなく，それをきっかけに徐々に家庭・学校・職場から疎遠になること。また，その結果，人間関係が希薄になり，社会の一員としての（⑩　　　　）が奪われ，自らの居場所や役割が見いだせない状態になっていくこと。

・社会的（⑪　　　　）：ソーシャル・インクルージョンといい，社会から切り離され，あるいは排除されている人たちとのつながりを回復しようとする試みのこと。社会のネットワークに引き入れようとする新しい（⑫　　　　）の考え方である。

やってみよう！練習問題 思

次の記述のうち，正しいものには○，誤っているものには×を記入しなさい。

A　成年後見制度は認知症や知的障害があり，判断能力が十分でない場合の財産管理を支える制度のことだ。

B　高齢者への虐待行為は，ほとんどが家庭内で発生し，入所施設などではほとんどない。

C　ICTの活用や介護ロボットの導入は，業務の負担増の懸念が大きく，普及が望まれていない。

D　社会的排除とは，金銭的・物質的な資源の欠如だけが貧困ではないという考え方である。

A		B		C		D	

MEMO

4 地域共生社会

教 p.78～p.85

1 地域包括ケアシステムによる高齢者支援 知

地域包括ケアシステムとは

・ノーマライゼーションの理念を踏まえると，高齢になり介護が必要になっても，可能な限り住み慣れた自宅や（①　　　　）で生活を続けられることが重要である。

・住まいを中心として，医療，介護，介護予防，生活支援など各領域のサービスが，個々人のニーズに応じ，切れ目なく連携を持って提供される必要がある。（②　　　　　　　　（おおむね30分でかけつけられる範囲））において，連携・調整され，包括的かつ継続的に提供されるシステムを（③　　　　　　　　　　）とよび，介護保険制度においてその構築がめざされている。

介護予防・日常生活支援総合事業と住民参加

・介護予防や生活支援は，介護サービス事業者による専門的なサービスのみならず，NPOや民間企業，ボランティアなどの多様な主体がかかわることで，より多くの高齢者に効率的，効果的にサービスを提供できる可能性が広がる。また，介護を担う専門人材が不足するなかで，住民や（④　　　　）自身もサービスの担い手となり，地域において（⑤　　　　）に支えあっていくしくみが求められる。

・2015年の介護保険法改正により，「介護予防・日常生活支援総合事業」が設立された。この事業では，要介護・要支援認定で要支援1，2と認定された人と，65歳以上のすべての高齢者が対象である。市区町村が地域の実情に応じて，（⑥　　　　）に基準や利用料などを設定して運営する。これまで要支援者が利用していた既存のサービスである訪問介護と通所介護も総合事業に組み込まれた。介護保険法よりも基準が緩和されたサービス，住民主体のサービス，短期集中型のサービスも追加され，ニーズに応じて選択できるようになった他，配食サービスや安否確認といった（⑦　　　　　　）にないサービスも含めることが可能となった。

やってみよう！練習問題 思

次の記述のうち，正しいものには○，誤っているものには×を記入しなさい。

A　日常生活圏域とは，緊急時に20分以内にかけつけられる範囲のことである。

B　介護予防・生活支援は，高齢者への効率的で効果的なサービスなので，地域住民の支援はあっても高齢者自らの支援参加は無理だ。

C　介護予防・日常生活支援総合事業は，全国一律で実施されるものではない。

D　介護予防・日常生活支援総合事業は要支援1・2と認定された人と65歳以上のすべての高齢者が対象である。

A		B		C		D	

MEMO

◎地域包括ケアシステムの構成要素

＜地域包括ケアシステムの構成要素である各領域の取り組み＞

⑴住まい……ニーズに応じて段差の解消や手すりの設置などの住宅改修。
一戸建ての自宅に限らず，サービス付き高齢者向け住宅なども含まれる。(①　　　　) 住宅と共に地域のバリアフリー化も進めていく必要がある。

⑵医療……高齢者には，脳血管疾患や心疾患などの急性期の入院治療に続き，回復期の（②　　　　）やリハビリテーションが必要な場合も少なくない。在宅高齢者には，24時間対応の在宅治療や訪問看護サービスなどの充実も求められる。

⑶介護……居宅系サービス，施設・居住系サービスなどの（③　　　　　　）制度によるサービスがある。主に（④　　　　　　　　　）によってコーディネートされる。

⑷介護予防……可能な限り要介護状態を防ぐ，または要介護状態が重度化しないための取り組みや（⑤　　　　　　）に向けた介護予防の充実が求められている。地域の多様な団体やボランティアも介護予防サービスの提供主体になる。

⑸生活支援……地域の多様な団体や個人が，高齢者の（⑥　　　　　　），配食，買い物などの日常的な生活支援を提供すると共に，(⑦　　　　) 防止の取り組みを通して相互に支え合う。

◎地域包括支援センターと地域包括ケアシステム

・地域包括支援センター……地域包括ケアシステムの構築において重要な役割を担う。(⑧　　　　) の改正によって創設され，介護予防の給付を受ける（⑨　　　　　　　　　）のケアマネジメントを行う。さらに在宅高齢者の地域生活にかかわるさまざまな課題に対応し，地域包括ケアシステムの構築を進める。

・地域包括支援センターは，日常生活圏域ごとに市区町村によって設置され，直営や社会福祉法人などに委託して運営される。センターには（⑩　　　　　（または地域ケアの経験のある看護師)），(⑪　　　　　　　　），（⑫　　　　　　　　　　　）の3職種が配置される。

やってみよう！練習問題 思

次の記述のうち，正しいものには○，誤っているものには×を記入しなさい。

A　地域包括ケアシステムの構成要素の一つである介護は，主にケアマネジャーがコーディネートする。

B　バリアフリー化は自宅や集合住宅でのみ進めていれば十分である。

C　地域包括支援センターは，介護保険法の改正によって創設された。

D　地域包括支援センターは各市区町村に一つずつ設置される。

A		B		C		D	

MEMO

第4章

<地域包括支援センターが取り組む主な事業>

(1)総合相談……地域の高齢者や家族が抱える課題の相談に応じ，必要であれば医療機関，介護サービス事業者，行政へつなぐ。積極的に地域に出向く（①　　　　　　）型の相談支援活動も行う。

(2)（②　　　　　　）……高齢者虐待の早期発見や相談，（③　　　　　　）制度の利用支援，消費者被害の防止・啓発に取り組む。

(3)包括的・継続的ケアマネジメント……支援（④　　　　）なケースへの支援の助言。指導，地域の介護支援専門員などのネットワーク化やサポートを行う。

(4)（⑤　　　　　　）ケアマネジメント……要支援高齢者や基本チェックリストで介護予防が必要とされた高齢者に対して，必要なケアマネジメントを提供する。

(5)（⑥　　　　）協働による地域包括支援ネットワークの構築……地域の介護保険サービス，住宅，生活支援，医療系サービス，福祉・権利擁護にかかわるさまざまなサービスによる支援基盤の構築にかかわる。

(6)（⑦　　　　　　）会議……個別の支援困難ケースへの相談支援活動から，地域の課題を抽出し，市区町村の連携で地域づくりや新たな社会資源の開発や充実につなげる。会議には医療職，介護専門職，民生委員，自治会，法律家などの多様な関係者や機関が参加し，協働する。

・この他，地域包括支援センターでは，市区町村が実施する在宅医療と介護の連携事業，認知症への支援事業，健康な高齢者を対象とする介護予防事業，家族介護支援事業などを市区町村から委託され，取り組んでいるところもある。また，市区町村は，福祉関係者，地域団体，学識経験者らで構成される（⑧　　　　　　　　）運営協議会を設置し，運営方針への助言，評価，人員確保などの課題に関する協議を行う。

2 複合的な課題を抱える支援困難ケース 知

◎増加する支援困難ケース……地域の介護支援専門員が単独では対応できない，（⑨　　　　　）な課題を抱える支援困難ケースに地域包括支援センターは対応する。

◎8050 問題とは……高齢となり虚弱になった 80 歳代の親に，経済的・精神的に（⑩　　　　）する 50 歳代の子どもが同居する世帯の問題。子どもが長年引きこもり，支援機関のかかわりを拒否した結果，高齢者虐待や，子が生きるすべを失って孤立することもある。

・地域包括支援センターは，介護保険法で規定された相談機関のため，子ども世代の支援には積極的に関われない・中年世代や（⑪　　　　　　　）と呼ばれる若い世代の介護者に対する支援が制度化しておらず，「制度の（⑫　　　　）」に陥る。

・複合的で制度の狭間に陥る課題が生じないよう，さまざまな世代，機関，立場の人々が参加，連携して地域で支え合う，（⑬　　　　　　）の必要性が提起された。

やってみよう！練習問題 思

次の記述のうち，正しいものには○，誤っているものには×を記入しなさい。

A　総合相談においては，アウトリーチ型の相談支援は行われない。

B　地域ケア会議の社会資源には，家族やボランティア，近隣住民は含まれない。

C　ヤングケアラーに対する支援が制度化していない。

D　「制度の狭間」などの問題をなくし，全ての人たちが地域で支えあう社会が必要である。

A		B		C		D	

❸ 包括的支援体制による地域共生社会 知

◎地域共生社会とは……支援困難ケースは，福祉六法体制のもとで対象別に分立した制度にもとづいている。（①　　　　）からの利用申請にもとづき，専門職中心で対応にあたる。近年は（②　　　　）不足で，十分な支援提供ができない地域や施設・機関も出てきた。こうした状況を踏まえ高齢者，障がい者，子ども，生活困窮者などの（③　　　　）を問わず，地域で暮らすあらゆる人々へ支援の対象を拡大し，地域のさまざまな担い手が（④　　　　）に支え合う地域共生社会の構築をめざす。支援する者→される者という構図から脱却し，すべての地域住民が支えられ，（⑤　　　　）存在にもなり，自分らしい生活や生き方ができるような社会を意味している。

◎重層的な支援体制……地域共生社会の実現に向け，重層的な（⑥　　　　　　　）事業が創設。その主な特徴は，

・「（⑦　　　　　）相談支援」
　アウトリーチ型支援……積極的に地域に出向きニーズを発見する
　（⑧　　　　）型支援……人生に寄り添い，見守りながら必要に応じて情報提供や助言を行う
・参加支援　→相談実施後のつながりや参加の維持のための居住支援・居場所づくり・就労支援
・地域づくりに向けた支援　→保健・医療，教育，多文化共生などにかかわる相談支援機関との（⑨　　　　）やつなぎを創造し，多分野協働を可能にする。
　このような異なる領域やレベルで重層的に支援が展開され，相乗効果により，地域共生社会づくりが進展していく。

やってみよう！練習問題 思

次の記述のうち，正しいものには○，誤っているものには×を記入しなさい。

A　どの地域でも支援の担い手は十分である。

B　高齢者や障がい者は，基本的に支えられる立場にあるので，支える側の存在にならなくても地域共生社会を築くことに影響はない。

C　支援体制整備事業として，まず相談の入り口において「断る相談支援」が提供される。

D　支援体制が異なる領域やレベルで重層的に展開され，相乗効果により地域共生社会づくりが進展していく。

A		B		C		D	

MEMO

年　組　番　名前

検印

1 体位変換

教 p.90〜p.94

1 体位変換の意義と目的 知

・動作を行っていない状態の姿勢を体位といい，からだと（①　　　　）の方向との関係の状態を示す。長時間同じ体位でいると，血行障害から皮膚と皮下組織などが（②　　　　）した状態である（③　　　　）が発生したり，靭帯などの組織が縮み関節の動きが悪くなる（④　　　　）など，身体的不具合を起こす。体位（⑤　　　　）は，寝たきりになることを防ぎ，（⑥　　　　）動作につながる生活支援技術の基本である。

◎体位の種類……臥位・座位・立位の３種類。

・臥位には，（⑦　　　　），側臥位，腹臥位がある。

・座位には，（⑧　　　　），長座位，起座位，半座位がある。

2 ボディメカニクスの基本原則 知

・人間の骨・関節・筋肉などを主体としたからだの動きのメカニズムの適切な活用で，無理のない姿勢・動作で安全な介護ができる。ボディメカニクスには八つの原則がある。

(1)（⑨　　　　）を広くする　(2)重心の位置を低くする　(3)水平に移動する

(4)重心を近づける　(5)てこの原理を活用する　(6)からだを小さくまとめる

(7)大きな筋群を使う　(8)動作の方向に足先を向ける

3 ベッド上での体位変換 知

◎枕の動かし方……枕を動かすことは，体位変換前後に頻繁に行われる。利用者に枕移動の（⑩　　　　）と方法を話し了解を得たうえ，介護者の上体が，利用者の顔を覆わないように留意する。

◎ベッド上での水平移動（ベッドの端にからだを移動する）……水平移動は，仰臥位から側臥位になる（⑪　　　　）や起き上がりの前などに行う移動動作。

◎ベッド上での上方移動……上方移動は，利用者のからだを枕元に引き上げる上方への（⑫　　　　）移動の方法。

◎スライディングシートを活用した上方移動……（⑬　　　　）サポート用の介護用具のスライディングシートには，すべりやすい生地でできた筒形シートや一枚布シートがある。介護保険制度で貸与もできる。

やってみよう！練習問題 思

次の記述のうち，正しいものには○，誤っているものには×を記入しなさい。

A　体位を変えからだを動かすことは，褥瘡や拘縮などの防止にもなる。

B　長座位とは，長い時間座っていても疲れない座り方である。

C　ボディメカニクスのうち，重心の位置を下げる動作は，腰を痛めるのでよくない動作だ。

D　体位変換をする時には，必ず前もって，移動の目的や方法を利用者に伝える。

A		B		C		D	

MEMO

2 歩行介助

教 p.95〜p.97

❶ 歩行の意義と目的 知

・歩行は，自らの目的と（①　　　　）による移動の動作である。歩行によって，生活空間が，点から（②　　　）になり，活動範囲が広がる。自力歩行と杖歩行があり，自力歩行でも，自らシルバーカーを使って歩行する人も増えている。

・筋力のバランス能力・視力の低下などにより，つまずきや（③　　　　）しやすくなる。それが原因で骨折し，寝たきりにつながることもあることから，歩くことをためらってしまう人もいる。

・介護者は，歩行能力の低下の要因や，高齢者の歩行の特徴を知り，生活空間や活動性が広がるような支援をする必要がある。

❷ 歩行補助用具の種類と杖の長さの決め方 知

・安全歩行する福祉用具として杖がある。

・杖の種類は，身体的能力に応じてそれぞれに適した杖がある。

T 字杖：腕の力がある人向き

ロフストランドクラッチ：腕の力が弱い人向き

多脚杖（四脚杖）・ウォーカーケイン：身体や歩行が（④　　　　）な人向き

・杖の長さは，（⑤　　　　）から 15 cm 外側，その位置から 15 cm 前方に置き，持ち手が（⑥　　　　）部（太もものつけ根にある骨のでっぱり）の位置で，杖を持った時に肘関節が（⑦　　　）度になる位置がめやす。

❸ 歩行の方法 知

・杖歩行には，安定した歩き方の三点歩行（三動作歩行）と通常の歩き方の（⑧　　　　　（二動作歩行））がある。

❹ 手引き歩行の方法 知

・（⑨　　　　）に筋力低下がある場合には，両手で支える手引き歩行がある。利用者は介護者の腕をつかみ，介護者は利用者の肘を（⑩　　　　）支える歩行は，安定した歩行支援である。

・階段の歩行は危険なので，上る時は，介護者は利用者の（⑪　　　　）の後方に，下る時は，一段下に立つ。

やってみよう！練習問題 思

次の記述のうち，正しいものには○，誤っているものには×を記入しなさい。

A　自力歩行を嫌がる人がいたが，寝てばかりいると褥瘡になると，少し無理して歩かせた。

B　身体的にやや不安定なので，T 字杖を止めて四脚杖にした。

C　階段を歩いて上る時は，介護者は利用者の患側の前方に立つとよい。

D　歩行は，介護者は両手で肘の下から支え，利用者には介護者の腕をつかんでもらう。

A		B		C		D	

MEMO

第5章

3 車いすの移乗・移動の介護

教 p.98〜p.103

1 移乗・移動の意義と目的 知

・移乗・移動の介護は，利用者の「(①　　　　　(生活の質))」に直結する生活支援技術である。

2 車いすの種類と名称 知

・車いすはハンドリムで自分で動かせる自走式と，後輪が小さめで介護者が操作する介助式がある。

・車いすは，既製品の標準型の他，利用者の体形に合わせたオーダーメイド型，各パーツを組み合わせたセミオーダーメイドの（②　　　　　　　）に分けられる。

3 車いすの基本操作（広げ方・たたみ方） 知

・広げ方……(1)（③　　　　　　　）をかける→(2)両手で（④　　　　　　　　　　）を左右に少し広げる→(3)シートに両手を（⑤　　　　　）に置き，重心を下げながら広げる。

・たたみ方……(1)ブレーキをかける→(2)シートの前後の中央部分をつかみ持ち上げる→(3)アームサポートを持ち，両手でさらに車いすの幅を縮める。

4 ベッドから車いすへの移乗方法 知

◎右片麻痺の場合……(1)（⑥　　　　　）と（⑦　　　　　）を説明して了解と協力を得る。(2)ベッドに約（⑧　　　）度の角度で健側に車いすを設置し，ブレーキをかけ，（⑨　　　　　　　　　　）を上げる。(3)利用者はベッドの端に浅く腰掛ける。(4)利用者は健側の手でからだから離れたほうのアームサポートをにぎり，健側の足を前輪の近くに置く。(5)介護者は患側の保護を行い，利用者の健側の足を軸に回転する。(6)利用者は腰を下ろし，健側の足を引いて力を入れ，介護者は利用者の後ろからからだを引き，深く腰掛けさせる。(7)利用者の足をフットサポートにのせる。

◎スライディングボードを用いたベッドからの移乗方法……(1)車いすのアームサポートを取りはずし，ベッドの真横に車いすを置き，ブレーキをかける。(2)ベッドに浅く腰掛け端座位になる。利用者のからだを横に傾け，（⑩　　　　　）の下にスライディングボードをさしこむ。(3)スライディングボードの端を車いすに設置する。(4)介護者の肩に手を回してもらい，上半身を前傾させ，殿部をすべらせる。(5)スライディングボードを立てるようにして引き抜く。

5 車いすからベッドへの移乗方法 知

◎左片麻痺の場合……(1)健側がベッド側にくるように約 30 度の角度で車いすを置く。ブレーキをかけ，フットサポートを上げる。(2)利用者は健側の手を介護者の背中に回す。介護者は利用者の殿部を手前に移動させる。(3)利用者は健側の足を一歩前に出し（⑪　　　　　　　）になる。介護者は腰を低くして，利用者を両手で抱える。(4)介護者は腰を引きつけて利用者と一緒に立ち上がる。(5)利用者は健側の足を軸にして回転する。(6)介護者はゆっくりと腰を落として，利用者に座ってもらう。

やってみよう！練習問題 思

次の記述のうち，正しいものには○，誤っているものには×を記入しなさい。

A　車いすは生活範囲が広がり便利だが，扱い方が適切でないと転倒など事故のもとにもなる。

B　車いすの使用前の点検では，ブレーキ，タイヤのエア，部品の固定，フットサポートの高さに留意する。

C　スライディングボード使用のベッドからの移乗の時ベッドと 30 度の角度で車いすを置いた。

D　車いすからベッドへ移乗するので，患側がベッド側にくるように車いすを置いた。

A		B		C		D	

4 食事の介護

教 p.104〜p.108

❶ 食事の意義と目的 知

・人は，食物のエネルギーと（① ）を食事として体内に取り入れ，生命を（② ）している。

・食事はまた，楽しみや豊かさを得るための社会活動の意味もあり，人はおいしそうなにおいや音，食材の彩りや盛り付けなどの（③ ）に刺激され，食事を楽しみ，コミュニケーションをはかっている。

・介護者は，生命維持のための食事量や食事動作などの機能面だけでなく，安全で安楽な食形態や食事（④ ），食べる（⑤ ）や気持ちに配慮した食事環境を整えることが大切である。

❷ 座って食べることの意味 知

・人が（⑥ ）生活することは，自らが主体的に暮らすための生活行動の基盤である。

・（⑦ ）分離は，食事場所への移動による運動能力の維持拡大，食欲増進，他者とのふれあいにもなる。また，車いすからいすに移れば，安定した（⑧ ）を確保でき，食事姿勢が保たれ（⑨ ）の予防にもなる。テーブルの高さや自助具の工夫によって，自力で食事がとれる機会も増える。

❸ 「食べる」という行為の過程 知

・食べるという行為の過程は，次の六つに分けられる。

		障がい
食欲	五感，温度，音，光などで食物を認識する	（⑩ ）・視覚の低下
摂食	上肢を使い，視覚で見ながら口に運ぶ	上肢の障がい・（⑪ ）・ふるえ
（⑫ ）	口のなかに取り込み，口を閉じてくだく	歯牙の欠損
嚥下	飲み下しやすい状態にして飲み込む	反射神経の低下
消化	食物を胃腸が消化吸収する	消化管の萎縮性変化，消化液の分泌低下
排泄	排便し胃腸を整える	腸官の（⑬ ）の減弱

やってみよう！練習問題 思

次の記述のうち，正しいものには○，誤っているものには×を記入しなさい。

A　食事はいすよりも車いすで行った方が，安定した座位を確保でき誤嚥の予防になる。

B　食生活には五感が大事だといわれるが，盛りつけや彩りよりも，美味しい味付けであることが重要だ。

C　寝食分離は，ベッドでの生活時間が減少し，運動機能の維持，他者との接触につながる。

D　反射神経が低下することで，食物をうまく飲みこめないことがあり，食物が気道に入って，誤嚥性肺炎を起こす危険がある。

A		B		C		D	

第5章

❹ 誤嚥予防のための正しい姿勢 知

・「正しい姿勢」で食事をするとは

(1)食物を（①　　　　）する……食物が見える状態・位置にある。

(2)食物を口に運ぶ……（②　　　　）姿勢で頭部がテーブルに近づいているか。

(3)食物を（③　　　　）する。

(4)食物を飲みこむ……座面が（④　　　　）に傾いていないか。

・食事の基本姿勢

(1)（⑤　　　　）……いすに腰かけた状態の体位。

(2)（⑥　　　　）……ベッドの端に腰かけ，足を下ろした体位。

(3)（⑦　　　　）……足を伸ばして座った体位。

・ベッド上での誤嚥予防のための食事姿勢……上体を（⑧　　　　）度〜60 度起こし，膝下に枕などを入れたり，クッションや布団を丸め背中を支えると姿勢が安定する。

・安全な姿勢，（⑨　　　　）の適合，誤嚥しにくい食事内容や食べ方の工夫，ひと口の量や食べるペースなど，細かな配慮が求められる。

❺ 食事用自助具の活用 知

・自分で食べる食事と他人に食べさせてもらう食事は，おいしさも食欲も異なる。麻痺や（⑩　　　　）で箸がうまく使えない人にも，バネを利用し，にぎりやすく固定した箸があったり工夫されたさまざまな自助具があるので，できる限り自分で，主体的に食事をするよう支援することも介護者の役目である。

❻ 食事の工夫 知

・加齢と共に，摂食や（⑪　　　　）機能が低下すると，むせたり，誤嚥などを起こしやすくなるので，食品の選択，調理法，摂食時の姿勢の工夫など，配慮が必要である。

・誤嚥しやすい食品：とうもろこし・ピーナッツ・かまぼこ・こんにゃく・餅・焼きのり・わかめ・さらっとした水分　など

誤嚥しにくい食品：ゼリー状・（⑫　　　　）状・ペースト状のもの

・脂質の少ない魚には，マヨネーズ，サラダ油，とろみあんをかける。（⑬　　　　）など市販品も手軽に利用できる。

やってみよう！練習問題 思

次の記述のうち，正しいものには○，誤っているものには×を記入しなさい。

A　ベッド上での誤嚥予防のための食事姿勢では上体を 30 度〜60 度起こすとよい。

B　端座位とは，ベッドの端に正座する座り方である。

C　多少動きにくくても，自助具を使って自分で食事することは勧めるべきだ。

D　水分は，誤嚥しにくい。

A		B		C		D	

MEMO

5 ベッドメーキング

教 p.109～p.111

❶ ベッドメーキングの意義と目的（快適な生活環境の整備） 知

生活の場である住居環境は，生活環境の快適性に大きな影響を与える。

・要介護の利用者はベッドのなかで過ごす時間が長いため，（① 　　）を清潔に保つことが大切である。人は夜間の睡眠中に（② 　　）があり，コップ1杯ほどの汗を出し，①はそれを吸収する。気持ちよく整えられた寝具は，快適な（③ 　　）を促すため，健康的な生活には不可欠である。

・住居環境を快適にするには，危険に遭遇しないような（④ 　　）対策が必要である。

・高齢者は加齢や障がい，疾病により，視力，聴覚，（⑤ 　　）感覚，認知や注意力が低下する。それにより日々の生活空間が狭くなると，生活用品を自分の手の届く位置に置く傾向がある。それにつまずき転倒し，骨折することもあるため，個々人の（⑥ 　　）や障がい特性に考慮して事故予防に努めることが大切である。

❷ ベッドメーキングを行う前の準備 知

◎シーツの種類……大別して2種類ある。吸湿性に優れ，洗濯しやすい木綿のものが適する。

・フラットシーツ：縫い目のない一枚布のもの。

・（⑦ 　　）シーツ：四隅が四角く縫製された，ゴムを通したタイプ。

◎ベッドの高さ

離床しやすい高さ：床から（⑧ 　　）cm,

ベッドメーキング時の高さ：床から60～65 cm

◎シーツのたたみ方……（⑨ 　　）にそってたたむ。

❸ ベッドメーキングの方法 知

＜ポイント＞

(1)ボディメカニクスを応用した姿勢・動作で行う

(2)（⑩ 　　）を立てないように，静かに行う

(3)心地よさと共に褥瘡予防のために，シーツに「しわ」をつくらないようにする。

(4)寝具類は，左右均等に整える。

(5)シーツは，マットレスを（⑪ 　　）ように意識する。かぶせる，はさむという感覚でつくるとしわになりやすく，崩れやすくなるため注意する。

(6)シーツ交換が終了したら，利用者が整えていたのと同じ寝床の環境に戻す。少しの違いでも環境が変わり，利用者の生活行動の制限や自立がはばまれることがある。

やってみよう！練習問題 思

次の記述のうち，正しいものには○，誤っているものには×を記入しなさい。

A　快適な睡眠や健康的で安全な生活環境を整える上で，不感蒸泄はきわめて微々たるものだから寝具類を清潔に保つには気にしなくてよい。

B　介護者がベッドメーキングしやすいベッドの高さは，利用者の離床しやすい高さと同じだ。

C　急いでいたのでヘムの広い頭側をもって，たたんであったシーツを一気に広げた。

D　利用者の寝床環境は，清潔に，安全に，利用者が違和感を持たない環境にすることが大事だ。

A		B		C		D	

6 衣服の着脱の介護

教 p.112〜p.114

❶ 衣服の着脱の意義と目的 知

・衣服には，（①　　　）の吸収や皮膚の保護，（②　　　　）調節など，外部の刺激から身を守る役割がある。衣服の着脱は，からだの健康の維持のほか，気持ちの変化や精神的安定，習慣や日常生活にリズムをつけるなど，多面的な要素を含んでいる。

・利用者の好みに応じて，その時々の状況に適した衣服の（③　　　　）や着脱ができるように支援することが大切である。

・利用者の心身の状況に応じ，自助具などを活用して自分自身で着替えられるように工夫し（④　　　　）を促す。

❷ 寝間着の材質と種類 知

・寝間着とは，寝るときに身につける衣服で，保護と（⑤　　　　）を満たすもの・家庭で頻繁に洗える衣服が適している。

・（⑥　　　　）やガーゼは吸湿性，通気性，含気性にも優れ，肌触りの良いものである。

・寝間着の種類には，和式の浴衣・上下が分かれている（⑦　　　　）浴衣と洋式のネグリジェとよばれるワンピース型・上下に分かれているパジャマがある。最近ではトレーナーを寝間着に用いる人も多くいる。

・麻痺や痛みなどがある場合，臥床での寝間着の着脱は，前開き上着のほうがからだへの負担が少ない。

❸ ベッド上での寝間着（浴衣）の着脱 知

・浴衣の利用者は，全面的な介護を必要とする場合が多いため，（⑧　　　　）を防ぐためにしわがないようにする。

<ポイント>

(1)利用者に，着替える説明をして，了解を得てから始める。

(2)事前に（⑨　　　　）の温度を確認し，利用者にタオルケットなどをかけて露出を最小限にする。

❹ 片麻痺がある人のベッド上での寝間着（パジャマ）の交換 知

・麻痺がある場合には，着替えの原則である，（⑩　　　　　）の原則に則ることで，からだに負担をかけずに着替えることができる。

やってみよう！練習問題 思

次の記述のうち，正しいものには○，誤っているものには×を記入しなさい。

A　ふだんから利用者の衣服の好みなどを知った上で状況に応じた衣服の選択や着脱ができるように支援することが大切だ。

B　利用者から寝間着の相談を受けたので，通気性や吸湿性のよい，木綿の寝間着を薦めた。

C　冷暖房完備で室温が一定のため，着替えを介護する際にも室温の確認は必要ない。

D　臥床での寝間着の着脱において，麻痺がある利用者に負担をかけまいと前開きのパジャマではなくトレーナーを着せた。

A		B		C		D	

7 からだの清潔の介護

教 p.115〜p.119

❶ からだの清潔の意義と目的 知

・からだを清潔に保つことは，身体的（生理的）・社会的・（①　　　　）的において重要な意味がある。

・介護者は，利用者が維持してきた清潔の基準をとらえながら支援する。

❷ 洗面 知

・皮膚の汚れを洗い流すことで，顔面の清潔を保ち，（②　　　　）感が得られる。

・朝の洗面は，生活リズムをつくるうえでも，身だしなみの面においても重要で，できるだけ利用者本人が行えるような環境を整えることが大切である。

・離床が困難な場合は，ベッド上で座位の姿勢をとり（③　　　　）などを用いて行う。自力で行えない場合は，（④　　　　　）を用いて顔面を拭き清潔を保つ。手鏡や卓上鏡などを用いて，顔面の状態を確認してもらうなどの支援が大切である。

❸ ひげそり 知

・そる程度や習慣には個人差があるため，電気カミソリや使い捨てT字カミソリなど，個々人の好みや身体状態に合わせる。

・介護者は利用者ができないところを介助するが，（⑤　　　　　（T字型を含む））を使用して行うひげそりはできない。

❹ 整髪 知

・整髪前のブラッシング……頭皮に刺激を与え，（⑥　　　　）を促す。

・洗髪前のブラッシング……髪の（⑦　　　　）を浮き上がらせ除去しやすくする。

・自分で髪をとかすことは手や（⑧　　　）の運動になる。好みの髪型にすることは，気分転換にもつながる。

❺ 口腔の清潔 知

・加齢や障がいで口腔内の清潔が維持できないと，歯周病・虫歯・誤嚥性肺炎などの（⑨　　　　）を引き起こす。口腔清潔の方法は，全身状態や口腔内の状況で異なる。自助具などでできるだけ利用者本人が行えるように支援する。

❻ 義歯（入れ歯）の手入れ 知

・義歯は食物の残りかすがつきやすく，感染や（⑩　　　　）の原因になる。清潔を保つために，正しい手入れと保管を行うことが重要である。

やってみよう！練習問題 思

次の記述のうち，正しいものには○，誤っているものには×を記入しなさい。

A　1日1回の洗面の習慣を自身は持っていたので，1日3回の洗面を希望する利用者に1回で十分だと朝だけ洗面の支援を行った。

B　首を動かしにくい利用者から，ひげそりを手伝ってほしいとお願いされたため，T字カミソリを使ってあご裏を剃ってあげた。

C　自分でいつもと違う髪型にしていた利用者がいたので，ブラッシングをし直して，いつもと同じ髪型に戻してあげた。

D　義歯の手入れが不十分に見えたが，利用者本人が行えることが大事なので支援をしなかった。

A		B		C		D	

❼ 入浴の効果と留意点 知

・入浴には温熱効果・浮力効果・(①　　　　　) 効果の三つの効果がある。
・入浴はからだを清潔にし，(②　　　　) 循環をよくし，(③　　　　) 回復につながる。
・居室，脱衣室，浴槽の (④　　　　　) は血圧上昇を招くため，十分に留意する。

◎入浴・清潔保持の種類と利用者の状態・特徴など

	種類	利用者の状態	特徴など
浴槽の種類	(⑤　　　　)	寝たきり，全介助状態	ストレッチャーによる臥床入浴，施設での対応
	リフト浴	つかまり立ちができ，座位が可能	リフト機材を使用，施設・在宅でも設置可
	(⑥　　　　　)	介助によって立位ができ，座位が可能	バスチェアによる座位入浴，施設での対応
	手すり，スロープ設置の大浴槽	自力歩行，介助による移動ができ座位安定状態	手すり，入浴設備がある施設など
	家庭風呂（小浴槽）	立位保持ができ，座位保持ができる	在宅の家庭風呂，施設内の小浴槽など
清拭保持方法	シャワー浴	座位保持ができ，チェアー浴，浴槽に入る前，心身の状態により浴槽に入れない状態の時	在宅の家庭風呂，施設内の浴室など
	部分浴	入浴が可能で，部分的に汚れがある状態	在宅，施設，体力や身体状態に応じて実施，入眠を促すなど
	清拭	入浴ができない状態	在宅，施設，清拭タオルなどでからだを拭いてきれいにする

◎清拭の方法……清拭とは入浴できない要介護者のからだを熱いタオルなどで拭き，清潔を保つことである。

・使用する湯の温度は (⑦　　　　　) ℃，室温：(⑧　　　　　) ℃ に調整する。
・臥床状態の清拭では (⑨　　　) →耳→腕→胸部→腹部→背部→腰部→殿部→大腿部→足→陰部 → (⑩　　　　) 周囲の順で行う。からだの露出は最小限にする。

◎部分浴（手浴・足浴）の効果と留意点……手浴・足浴には，手足を清潔に保つ，血行を良くする，からだが温まる，入眠を促す，(⑪　　　　) 予防，爪が切りやすくなるなどの効果がある。

◎洗髪の効果と方法……洗髪はからだの清潔保持，感染予防だけではなく，気分転換にもなる。ベッド上では，洗髪車や洗髪台を用いる方法，(⑫　　　　　　　　) を用いる方法などがある。水を使わない (⑬　　　　　) シャンプーを用いる場合もある。

やってみよう！練習問題 思

次の記述のうち，正しいものには○，誤っているものには×を記入しなさい。

A　少しお湯が温めだったので，利用者にはその分長めに，10 分以上お湯につかってもらった。
B　清拭に使用する湯の温度を，入浴時の適温（40 度前後）にした。
C　部分浴では血行がよくなり，痛みや不快感が軽減される。
D　ベッドでの洗髪に，頭にかけたお湯がこぼれないよう，手製のケリーパッドを使った。

A		B		C		D	

8 排泄の介護

教 p.120〜p.123

❶ 排泄の意義と目的 知

・生命を維持し・活動するための水・食物の摂取⇒消化・吸収⇒排泄物として排出……排泄は健康の（①　　　　　　）でもある。一方，排泄行為は（②　　　　　）を伴うプライベートな行為。できるだけ自分でできるように支援。

❷ 排泄のしくみと障がい 知

・排泄行為の過程。

→尿意・便意の（③　　　　）→移動→衣服の着脱→排泄準備→排泄→後始末

臓器の疾病や障がいにより，これらの過程のどこかに支障があると，排泄障害が起こる。

・排尿障害……膀胱下部の尿路の形態または（④　　　　）の異常により排尿が円滑に行われない状態。

（⑤　　　　）：排尿回数が多すぎる状態

（⑥　　　　）：膀胱内に蓄尿された尿が出ない

排尿困難：尿が出にくい

（⑦　　　　　）：意図せず尿がもれる

→(1)咳・くしゃみでもれる（⑧　　　　　）尿失禁

(2)突発性でこらえられない切迫性尿失禁

(3)排尿困難，尿閉により尿があふれ出る溢流性尿失禁

(4)運動・認知・意欲の機能低下による機能性尿失禁

(5)尿意なく（⑨　　　　　）の収縮による反射性尿失禁

などがある

・排便障害……排便回数や量が多すぎる下痢，少なく出にくい便秘，不随意・無意識に便が漏れる便失禁がある。

❸ 排泄物の状態・性状 知

・排泄には個人差があるため，利用者のふだんの排泄状態を知り，観察することも大切である。排泄物の性状・量のめやすや（⑩　　　　　　　　　）などのデータをめやすにして利用者の様子をアセスメントすると，要因に気づけたりする。

❹ 排泄介護のフローチャート 知

・自立して排泄することは，だれもが共通に持つ思いである。利用者の状況を（⑪　　　　　　　　）し，何をどのくらい支援すれば良いかを考え，その人に合った方法を選択する。

やってみよう！練習問題 思

次の記述のうち，正しいものには○，誤っているものには×を記入しなさい。

A　排泄行為は生命維持活動だから，可能な限り介助に入り手助けをする。

B　尿や便が出ないことを排泄障害というので，出ていれば問題がない。

C　尿量が少ないのは必要量の水分を取っていないことが原因なので，どんな利用者にもたくさん水を飲ませる。

D　排泄介護では，利用者の状況をアセスメントし，何をどのくらい支援すればよいかを考える。

A		B		C		D	

第5章

9 褥瘡の予防

教 p.124

❶ 褥瘡の発生原因 知

・褥瘡：からだの骨の突出部が長時間（①　　　　）されることで血行障害が起こり，皮膚と皮膚組織の一部が（②　　　　）した状態のこと。（③　　　　）ともいう。

主な発生原因

(1)圧迫……（④　　　　）の同じ姿勢，窮屈な寝間着，ひもの締めすぎ，シーツのしわ，かたいもの，寝具など

(2)摩擦……皮膚と皮膚の接触，糊のきいたシーツ，シーツや寝間着のしわ，ずり落ちた座位姿勢による摩擦など

(3)不潔と湿潤……おむつや防水シーツによる皮膚の（⑤　　　　），汗や尿で濡れた衣服やシーツでの汚染や湿潤など

(4)全身の機能低下……栄養不足と（⑥　　　　）の悪さ，血行障害，浮腫，運動機能障害，皮膚の乾燥・萎縮など

❷ 褥瘡の予防 知

・高齢者は，少しの体調不良でも褥瘡ができ，できてしまうと治るのに時間を要する。発生しやすい部位と予防のポイントを押さえ，支援することが大切である。

＜予防のポイント＞

(1)圧迫の除去：同一姿勢による長時間の圧迫を避ける。（⑦　　　　）周辺はあおむけでの臥床，同一姿勢での座位でも圧迫されるため注意する，圧迫を受けやすい部分に予防用具を活用し，体圧を分散させる。

(2)摩擦の除去：ベッドをギャッチアップしたときなどのからだのずり落ちの除去，おむつ交換の際におむつを引っ張らない，無理やりからだを引き上げたりしない，シーツや衣服にしわをつくらないようにする。

(3)不潔と湿潤の除去：皮膚を清潔にし，（⑧　　　　）させ，血行を良くする。入浴できない場合，全身清拭や部分清拭を行い，おむつは濡れたらすぐに取り換え清潔を保つ。

(4)栄養状態を良好に保つ：良質のたんぱく質やビタミンCなどを含む⑥の良い食事をとり，全身状態の観察を怠らないようにする。

やってみよう！練習問題 思

次の記述のうち，正しいものには○，誤っているものには×を記入しなさい。

A　血行障害を起こさないように，ときどき座り方・寝方を変えてもらうようにしている。

B　シーツのしわは褥瘡の原因にならない。

C　栄養不足とバランスの悪さは全身の機能低下を引き起こし，褥瘡の原因になる。

D　高齢者は，少し体調がよくないだけでも褥瘡ができやすく，一度できると治るのに時間を要する。

A		B		C		D	

10 災害時の介護

教 p.125〜p.129

❶ 災害時支援の意義と目的 知

・災害の種類には，洪水，がけ崩れ，土石流，地滑り，高潮，地震，津波，大規模な火災などがあり，その規模によっては電気，ガス，水道，通信交通などの（①　　　　　　　）が止まることもある。

・災害発生時，高齢者・障がい者・乳幼児などの（②　　　　　　）の安否確認やすみやかな避難行動が求められる。自ら避難することが困難な者で特に支援を要する者を（③　　　　　　）という。介護者は，まずは自分の身を守った上で，チームで利用者へのケアを行うことが期待される。

❷ 災害時における生活の場所 知

・避難所……災害で家に戻れない住民などが一時的に滞在することを目的とした施設のこと。

（④　　　　　）避難所……災害発生直後，市区町村が指定した学校の体育館や公民館などに開設される。

（⑤　　　　　）避難所……一般の避難生活では支障をきたす②に対して，特別の配慮がなされた避難所のこと。市町村が特別養護老人ホームなどの福祉施設を指定している。

❸ 災害派遣福祉チーム 知

・避難者の生活の支援として災害派遣福祉チームの派遣が広がっている。（⑥　　　　　　），精神保健福祉士，介護福祉士，ホームヘルパー，看護師，保育士など4〜6人程度で構成される。要配慮者などの相談にのり，福祉避難所への移送，入浴介助，高齢者の運動指導などの支援をする。また，行政機関や医療機関と連携し避難所などの（⑦　　　　　　）を提言するなどして，避難所での生活から避難生活が終了した後も安定的な日常生活に戻れるよう支援をしている。

❹ 避難所でも利用できる生活支援技術 知

◎災害時の洗髪やトイレの工夫

・水を使用しなくても利用できる（⑧　　　　　　　　　）を用いた洗髪が有効である。

・災害用トイレにはさまざまな種類がある。マンホールトイレや仮設トイレが設置される可能性があるが，設置前や自宅避難時に活用できるよう，（⑨　　　　　　）をつくると便利である。

やってみよう！練習問題 思

次の記述のうち，正しいものには○，誤っているものには×を記入しなさい。

A　災害が発生した場合，介護者は，まずは自分の身を守り，チームで利用者へのケアを行うことが期待される。

B　自宅は安全が確保できたとしても，災害時の避難生活場所として使用できない。

C　災害派遣福祉チームは，避難者の生活の支援を目的として派遣される。

D　立ち上がりの介助の際，後方から力任せに持ち上げると痛みを感じるだけでなく，不快感を与えてしまう可能性があり，介護者側も腰痛の原因となる為，望ましくない方法である。

A		B		C		D	

第6章 看護の実習

年　組　番　名前　　　検印

1 家庭看護の意味

教 p.130

1 家庭看護 知

・高齢者や障がい者が住み慣れた地域や家で生活することが求められている。

・高齢者は加齢に伴う心身の変化と長年の（①　　　　　）の蓄積によって，疾病や障がいが発症しやすくなり，高齢者が生活する過程では，本人と家族がそれらに対応していかなくてはならない。

・家族には，家族の誰かが病気になったり，けがをしたときに，回復に向けて働きかける（②　　　　　）の機能が備わっている，QOL 向上のために，高齢者本人と家族のセルフケアの能力の向上は重要である。

・家庭で誰もが行える高齢者のケアをここでは（③　　　　　）とよぶ。

2 看護とは何か 知

・看護とは，環境に影響を受けやすい人間を（④　　　　　）に導くために，「人間」と「（⑤　　　　　）」に働きかける実践のことである。

・（⑥　　　　　）（1820〜1910）：イギリスの看護師。（⑦　　　　　）戦争で傷病者の看護に検診し，「クリミアの天使」と呼ばれた。近代的看護法の創始者。

・（⑧　　　　　）（1897〜1996）：アメリカの看護学者。著書の中で，14 の基本的看護の構成要素について述べている。

やってみよう！練習問題 思

次の記述のうち，正しいものには○，誤っているものには×を記入しなさい。

A　高齢者は加齢と生活習慣の蓄積によって，疾病や障がいが発症しやすい。
B　家庭看護とは，家庭でだれもが行える高齢者へのケアである。
C　ナイチンゲールやヘンダーソンなどの理論家が，介護を定義している。
D　家庭看護では，家族のメンバーの心身の変化に応じて，最も身近な家族が看護を提供する。

A		B		C		D	

MEMO

2 バイタルサイン（生命徴候）の見方

教 p.131〜p.135

❶ バイタルサインの測定 知

・身体的状態を客観的に観察・測定することができる体温（T），脈拍（P），呼吸（R），血圧（Bp），および意識を一般的に（① 　　　　　　）（生命徴候）という。

・意識以外のバイタルサイン（生命徴候）は，からだが正常な時は安定した値を保っているが，からだに異常が起こると敏感に反応する。これらの測定を（② 　　　　）に行い，その結果を表にしておくと，からだの状態がひと目でわかり，看護に役立つ。

❷ バイタルサインの測定方法 知

◎体温測定

・体温（体内の温度）測定するのに一般には，腋窩（脇の下）・直腸・口腔で体温を計測する。

・成人の正常体温は36.0〜37.0℃ だが，年齢や個人差，時間帯などによって異なる。

➔乳幼児の体温は高く，高齢者の体温は低い。

➔体温が最も低い時間が午前（③ 　　）時〜6 時，最も高い時間が午後 3 時〜8 時である。

・体温は，（④ 　　　　）や食事・運動の影響を受ける。日ごろから（⑤ 　　　　）を測定しておくことが大切である。

・腋窩で 37.0℃ 〜38.0℃ 未満を（⑥ 　　　　），39.0℃ 以上を（⑦ 　　　　）という。

＜体温の測定方法＞

⑴測定前に，脇の下の汗を乾いたタオルなどで拭きとる。

⑵体温計の先を脇の下の中央のくぼみに宛て，下から斜め（⑧ 　　）°の角度に傾けて，腕を下ろしてはさむ。

⑶肘を少し前の方でからだに密着させ，体温計が動かないように保持して測定する。

⑷測定後，体温計を（⑨ 　　　　　　）で拭くか，流水で洗う。水銀体温計は，水銀柱を 35.0℃ 以下に下げて保管する。

◎脈拍測定

・脈拍とは，心臓の（⑩ 　　　　）をいい，皮膚の上から動脈にふれることで心臓の振動数や（⑪ 　　　　）を見るものである。

・体温と同様に，運動や食事に影響を受ける他，年齢や精神的な影響も受けて変化する。

・成人の場合は 1 分間に（⑫ 　　　　）回，高齢者は 1 分間に 60〜70 回が基準値である。回数だけでなく，脈の（⑬ 　　　　）や（⑭ 　　　　）の一定性も同時に測定する。

・脈拍の測定部位……一般的には（⑮ 　　　　　）という動脈で測定する。

やってみよう！練習問題 思

次の記述のうち，正しいものには○，誤っているものには×を記入しなさい。

A　体温は高齢者の方が乳幼児よりも高いとされている。

B　朝 6 時に測った体温よりも，午後 6 時に測った体温のほうが高かった。これは，病気で発熱があったこと以外考えられない。

C　脈拍の測定は，しばらく安静にしたあとから始める。

D　脈拍を測定する時には，胸部に手をあてて計測する。

A		B		C		D	

◎呼吸測定

・呼吸とは，外界から空気（酸素）を取り込み，（①　　　　　　　）を体外に排出する働きをいう。

・呼吸も運動や（②　　　　　）な影響を受けて変化する。測定時には，しばらく安静にしてから胸部や腹部の動きを1分間測定する。

・成人の場合は，個人差があるが1分間12〜18回程度が基準値である。回数の他にリズムや深さも測定する。

・呼吸は，自分で意識的に回数を変えることが出来るため，測定していることを相手に（③　　　　　）ように測定する。

・ふつうは仰向けに寝た状態の仰臥位で，胸部あるいは腹部の上下運動を1分間測定する。

（④　　　　）呼吸：胚の下にある横隔膜を下げて胚に多くの空気を入れる呼吸。男性に多い。

（⑤　　　　）呼吸：肋骨の間の筋肉を広げて肺に空気を入れる呼吸。女性に多い。

・呼吸が浅く，測定しにくい場合には，（⑥　　　　）を鼻孔に近づけ，そのくもる回数を見たり，軽い紙片を近づけたりして測定する。

◎血圧測定

・血圧：血管のなかを流れる血液が血管壁を（⑦　　　　）に押し広げる圧力。一般に血圧と呼ばれているものは動脈圧のことである。

・血圧の測定には，（⑧　　　　　）を用いる。

・血圧は，心臓が（⑨　　　　　）したときに最も高くなり，最大血圧／収縮期血圧とよばれ，心臓が（⑩　　　　）したときに最も低くなり，最小血圧／拡張期血圧とよばれる。

・血圧の正常値は，最高血圧（⑪　　　　）mmHg 未満／最低血圧（⑫　　　　）mmHg であり，細かく区分されている。家庭血圧の場合は，（⑬　　　）mmHg 低い基準が用いられる。

<血圧測定のポイント（水銀レス血圧計の場合）>

(1)測定前には（⑭　　　　）にする。

(2)定期的に測定する場合は，姿勢や測定する腕（右か左か），条件（時間・環境など）を（⑮　　　）にする。

(3)マンシェットを巻いた位置と（⑯　　　　）の高さが，ほぼ水平になるようにする。

(4)予想最高血圧よりも（⑰　　　　　）mmHg くらい高くなるように徐々にマンシェットを加圧する。

(5)加圧後，マンシェットからゆっくりと空気を抜き，最高血圧，最低血圧を読む。

やってみよう！練習問題 思

次の記述のうち，正しいものには○，誤っているものには×を記入しなさい。

A　胸式呼吸は，肋骨の間の筋肉を広げるのに力が必要なため，男性に多い呼吸法である。

B　呼吸が浅くなりがちな高齢者には，腹式呼吸を練習してもらうことで酸素を十分取り入れることが出来る。

C　心臓が拡張している時は，力が入ることで広がっているため，血圧も高い状態だ。

D　血圧は，年齢，体位，食事，運動，喫煙，飲酒，精神的要因などによって変動する。

A		B		C		D	

3 口腔の清潔

教 p.136～p.141

❶ 口腔の機能と衛生 知

◎口腔の機能

・口腔は，食べるための身体機能である食物の（①　　　　），嚥下の機能が備わっていなければならない。なかでもくちびる（口唇）と歯，舌，頬，唾液は，咀嚼や嚥下の重要な役割を担っている。食べるための身体機能だけでなく，言語の（②　　　　），呼吸などの機能もある。

◎口腔の衛生

・う歯や（③　　　　）は，歯や歯肉に限定した健康問題ではないため，むし歯（う歯）や歯周病の予防が重要である。

・う歯や歯周病による歯の欠損が要因となり，食事が十分にとれなくなって栄養不足になったり，食欲の低下につながったりすることがある。また，正しい咀嚼・嚥下ができなくなることによって，（④　　　　）を引き起こすこともある。

・（⑤　　　　）の分泌量の減少によって口腔内をきれいにする作用が低下したり，歯周病などの原因菌により，肺炎をはじめさまざまな疾患を引き起こすことがある。

・咀嚼は脳への刺激となるので，認知症予防にも有効となる重要な機能といえる。

・上記のように，口腔の清潔を保つことは，高齢者のさまざまな疾患を予防する重要なケアであり，高齢者の（⑥　　　　）を高めることにつながる。

❷ 口腔ケアの方法 知

◎口腔内の状態

・健康な人の口腔でも，歯と歯の間や，歯と歯肉の間，奥歯などは汚れが付着しやすい。義歯を使っている人や（⑦　　　　）などの障がいがある人では，より汚れが付着しやすくなっている。

＜汚れが残りやすい部分＞

・麻痺がある人は，麻痺側に食べかすが残りやすい。

・義歯の場合は，総入れ歯では上顎や下顎と接する面に汚れが残りやすい。

・部分入れ歯の場合は，部分入れ歯と歯や歯肉が接する面に汚れが残りやすい。

・欠損した歯の生えていた部分の歯肉などに汚れが残りやすい。

・高齢者では唾液の（⑧　　　　）の低下により，舌にも汚れ（⑨　　　　）が付着していることがあり多く付着すると，口臭の原因になる他，（⑩　　　　）障害も引き起こすことがある。

やってみよう！練習問題 思

次の記述のうち，正しいものには○，誤っているものには×を記入しなさい。

A　嚥下とは食物を食道から胃に送りこむために飲み込むことである。

B　咀嚼は脳への刺激となり，認知症予防にも有効となる重要な機能である。

C　噛み合わせがない・悪い人や入れ歯が合っていない人は，ふんばりがきかず転倒しやすい。

D　全部床義歯，部分床義歯は取り外せるため，汚れが付着しにくい。

A		B		C		D	

◎口腔ケアの基本……口腔内のケアの基本は，歯ブラシなどで口腔内の食べかすや（①　　　　）を取り除いて清潔にすることである。歯ブラシは（②　　　　）を持つようにして使用すると，適度な力で磨くことが出来る。

＜歯の磨き方＞

・（③　　　　　　　　）法：歯に対して90°に歯ブラシを当てて5～10 mmの範囲で前後に小刻みに動かす方法。

・バス法：歯に対して45°に歯ブラシを当てて歯と歯肉の境目の汚れを落とすように細かく動かす方法。

・ローリング法：歯ブラシを歯と（④　　　　）になるように当てて，回転させながらブラシの腹全体で歯を磨く方法。歯茎のマッサージ効果がある。

・自分で口腔ケアを行える場合には，（⑤　　　）で口腔内の汚れの部分を確認してから行うと効果的である。

・歯磨きのタイミングは，一般的にいわれる食後が最適で，毎食後の歯磨きのなかでも（⑥　　　）の歯磨きが最も重要とされている。

・一部介助によって口腔ケアを行う場合でも，できる限り（⑦　　　　）で行えるように，にぎりやすい柄が太いものや曲がったものなど，その高齢者に合った歯ブラシを選ぶように工夫する。磨き残しがないように，高齢者ができない部分については介助で行うようにする。

・すべてに介助が必要な場合には，誤嚥に気をつけながら口腔ケアを行う。ベッド上で座位にて行うか，座位が取れない場合には（⑧　　　　）にて誤嚥に注意しながら吸い飲みと（⑨　　　　）を使う。

・炎症などがある場合には，歯ブラシではなくスポンジやガーゼなどで清拭を行うか，（⑩　　　）を行って口腔の清潔を保つ。

＜口腔ケアの介助のポイント＞

(1)高齢者の（⑪　　　　）を整える。

(2)服が汚れないように首元にタオルを巻く。

(3)介助者は（⑫　　　　）・マスク・エプロンを装着し，歯肉を傷つけないように気をつけながら濡らした歯ブラシで歯を磨く。歯ブラシの持ち方は鉛筆を持つようにする。

(4)磨き残しが無いように順番通りに磨いていく。

(5)必要に応じてデンタルフロスや歯間ブラシを使用する。

(6)磨きながら歯肉からの（⑬　　　　）や腫れの有無など，口腔内の観察を行う。

(7)磨いた後は（⑭　　　　　）とガーグルベースンを使って口をゆすいでもらう。

やってみよう！練習問題 思

次の記述のうち，正しいものには○，誤っているものには×を記入しなさい。

A　歯ブラシは，にぎるように持つと，適度な力加減で歯磨きが出来て良い。

B　一部介助によって口腔ケアを行う場合，なるべく自力で行ってほしいので磨き残しがあってもしょうがない。

C　歯磨きを行うのに，最適な時間は食後である。

D　すべてに介助が必要で座位のとれない高齢者の口腔ケアの際，ガーグルベースンを使った。

A		B		C		D	

4 誤嚥と窒息

教 p.142〜p.143

1 誤嚥と窒息の予防から対処 知

◎高齢者の誤嚥・窒息の関係

・高齢者になると，嚥下機能が低下し誤嚥を起こしやすくなる。また，加齢に伴い（①　　　　）反射の低下や脳動脈硬化などの基礎疾患によって（②　　　　）機能が低下して誤嚥を起こし，窒息が引き起こされる。

◎窒息の予防と観察ポイント

・窒息の予防では，日ごろから食事時のむせの有無や（③　　　　）に注意したり，口腔内の発赤や腫れなどの（④　　　　）の有無，歯の欠損の有無などの観察を行うことが大切である。

・（⑤　　　　　　）は窒息時のサインであり，すみやかに対処する必要がある。高齢者はそれをせずに，身動きしないで黙って座っていることも多いため，食事の際には十分な観察が必要である。

＜窒息予防のポイント＞

(1)口腔内を清潔に保つ　(2)食事時の（⑥　　　　）を整える

(3)食事の際の環境を整える（集中できるようにテレビを消し，せかしたりしないなど）

(4)食事の（⑦　　　　）を工夫する　(5)食事をするための機能を維持する訓練を行う

◎誤嚥・窒息時の対処法

・窒息の兆候が見られた場合は，窒息の（⑧　　　　）を取り除く。

＜原因物質の取り除き方＞

・指拭法……口腔内に異物が見えている場合に行い，異物が奥に入りそうな場合には行わない。対象者の顔を（⑨　　　　）にして，一方の手で口を開ける。ガーゼなどの布を巻いた他方の手の人指し指をのどの奥に入れ，ひっかけた指2本ではさんで取り出す。

・（⑩　　　　　　）法……対象者の背後から手を回し，片方の手のにぎりこぶしの親指側を，対象者のみぞおちの下方に当て，もう一方の手でにぎりこぶしを上からにぎり，手前上方に向かって圧迫するようにして，すばやく突き上げる。

・背部叩打法……誤嚥した物が口から出てきていないかを確認しながら，手のひらの手首に近い部分で両側の肩甲骨の間を力強く素早く連続してたたく。気道に詰まった物を出しやすいように，頭を（⑪　　　　）して，あごを上げて（⑫　　　　）をまっすぐにして行う。

やってみよう！練習問題 思

次の記述のうち，正しいものには○，誤っているものには×を記入しなさい。

A　高齢者になると，嚥下機能が低下すること，加齢に伴う基礎疾患によって防衛機能が低下することで誤嚥が起こりやすい。

B　食事を介助する際，TVを見ながらにぎやかな雰囲気で食べることを勧める。

C　指拭法は異物が見えているときの取り除き方だが，異物がのどの奥に入りそうな時は危険なのでやめる。

D　高齢者が窒息したが，口腔内に異物が見えていたため指拭法で取り除けると思い，救急車の要請は必要ないと判断した。

A		B		C		D	

5 転倒と骨折 教 p.144〜p.147

❶ 高齢者と骨折 知

高齢者に多い四大骨折

・高齢者は視力の低下や（①　　　　）感覚の低下，足の筋力の低下によって転倒しやすくなる。さらに，加齢と共に骨がもろくなり骨粗しょう症になっている場合もあるため，転倒の際のちょっとした外圧で骨折する。骨折の原因は転倒によるものが大半を占めている。

<高齢者に多い骨折>

(1)（②　　　　　　）骨折……しりもちをついたり，腰や背中を打ったりした場合に脊髄の圧迫骨折を引き起こす。

(2)（③　　　　　　　　）骨折……転倒して肘をついたり肩を直接打ったりした場合に肩や腕の付け根を骨折する。

(3)（④　　　　　　　）骨折……転倒してからだの側面を打ったり，からだをひねったりした場合に大腿骨の付け根を骨折する。

(4)（⑤　　　　　　　）骨折……手のひらをついて転倒した場合などに手首を骨折する。

転倒しやすい環境

・家庭内で高齢者が転倒する場所は室内が多い。発生場所としては長時間過ごす居室や（⑥　　）がトップ，次に段差の多い玄関・勝手口，3番目が廊下・縁側・通路と続く。

❷ 骨折への対処 知

骨折時の観察ポイント

・骨折による皮膚の損傷の有無によって，以下の二種類に分類されるのが一般的である。

（⑦　　　　）骨折（単純骨折）：骨折が皮膚の内部にとどまっているもの。

（⑧　　　　）骨折（複雑骨折）：骨折と同時に，骨が損傷した皮膚から外に出た状態の骨折。

<骨折したかどうかの観察ポイント>

(1)受傷部位の（⑨　　　　）の有無　(2)受傷部位の腫れの有無　(3)受傷部位の変形の有無

(4)痛みの有無　(5)動かすことができるか

骨折時の固定のしかた

・受傷部位は安静にし，特に傷や出血がある場合は動かさないようにしながらその手当てをする。その後，受傷部位を固定する。脊椎圧迫骨折や大腿骨頚部骨折の場合は仰臥位を取って固定し，骨折部位に少しでも負担がかからないようにして，（⑩　　　　）での移動は避ける。

・⑤骨折の場合は，骨折部位に（⑪　　　　）を添えて固定する。橈骨遠位端骨折や上腕骨外科頚骨折の場合は，（⑫　　　　）を使って固定することも有効である。

やってみよう！練習問題 思

次の記述のうち，正しいものには○，誤っているものには×を記入しなさい。

A　大腿骨頚部骨折は骨折後，歩行に支障をきたすことがあり，寝たきりの原因のひとつである。

B　転倒予防として，電気製品のコード類は動かしやすいようにしておく。

C　受傷部位に外傷はないため，腫れがひどかったが，骨折の疑いはないと判断できる。

D　骨折の固定後，受傷部位を安静に保てたので，経過観察をした。

A		B		C		D	

第6章

6 低温やけど（低温熱傷）

教 p.148

❶ 低温やけどとは 知

・高齢者は（①　　　　　）が鈍くなって熱さを感じにくいため，高い頻度でやけどが起こる。

・カイロや湯たんぽなどの（②　　　）の温度のものと，（③　　　　）接触することによって接触部分をやけどすることを，低温やけどという。低温やけどは（④　　　　）に多く，足や腰などの下半身によく見られる。

❷ 低温やけどの注意点 知

・高齢者の場合は抵抗力が落ちており，小さなやけどでも重症化しがちである。低温やけどは表面は小さく（⑤　　　　）に見えても，皮膚の深部まで損傷していることがあり，治癒に時間がかかるのが特徴で，医師の診察を受けることが大切である。

<やけどの対処法>

(1)患部をできるだけ早く（⑥　　　　）で流す。

(2)水ぶくれができている場合には，つぶさないように気をつける。

(3)やけどした部位を衣類などでこすらないようにする。

(4)みそやアロエをぬるといった（⑦　　　　　）は決してしない。

<低温やけどの注意ポイント>

(1)（⑧　　　　　）を使う時には下着の上から貼り，肌に直接貼らない。

(2)湯たんぽも，必ずタオルなどの布で包んで使用する。

(3)トイレの保温便座や電車などの乗り物の座席下の（⑨　　　　）にも注意する。特に，便座は直接皮膚にふれるので，温度設定に十分気をつける。

(4)こたつや電気カーペット，電気毛布，ファンヒーターなども，設定温度を低めにする。

(5)こたつに入ったままや電気カーペットの上で寝ない。

(6)ファンヒーターの温風の（⑩　　　　　　）に近づきすぎない。

(7)電気毛布は，カーペット代わりに下に敷かない。

やってみよう！練習問題 思

次の記述のうち，正しいものには○，誤っているものには×を記入しなさい。

A　高齢者は皮膚感覚が鈍くなって熱さを感じにくくなる。

B　低温やけどとは，低い温度が原因で損傷する，いわゆる凍傷のことである。

C　カイロを使用する際に，効果を最大限に発揮させるため，直接肌に貼りつけた。

D　こたつに入ったまま寝ると，低温やけどになる可能性がある。

A		B		C		D	

MEMO

第6章

7 脱水

教 p.149

1 脱水の予防と対処 知

◎脱水の予防と対処

・高齢者は体内に占める水分量が約（①　　　）％程度と一般成人と比べて少なめである。また，（②　　　）機能の低下によって，水分の再吸収力が低くなっている。のどの渇きも感じにくく，水分補給がうまくいかないことがある。

・（③　　　）や失禁を気にして水分摂取を控えることもある。

➔これらの理由から高齢者は脱水になりがちである。高齢者の脱水を予防するには，家族や介護者の観察が重要である。

＜脱水したかどうかの観察ポイント＞

(1)いつもより反応が（④　　　），元気がないかどうか。

(2)脇の下が，（⑤　　　）さらさらしているかどうか。

(3)（⑥　　　）で脱水の程度を見る。

(4)軽度の脱水：（⑦　　　）がつったり，筋肉痛，立ちくらみがあるかどうか。

(5)中度の脱水：皮膚や（⑧　　　）の乾燥や目の落ちくぼみがあるかどうか。

(6)重度の脱水：（⑨　　　）の低下，ひきつけがあるかどうか。

ハンカチ徴候とは……手の甲や二の腕または太ももの（⑩　　　）をつまんで放し，戻り具合（弾力性）を見る。脱水があると，皮膚に大きなひだができて，ゆっくりと戻る。

＜脱水の予防と対処法＞

(1)水分と（⑪　　　）の両方をとる。

(2)水分摂取の基本は，食事と水分補給。食後のデザートとしてヨーグルトやゼリーなどで水分をとるようにする。また，毎食時のお茶の他にも午前・午後のお茶の時間，入浴後，就寝前及び起床時に水分補給を行うようにする。

(3)軽度および中度の症状が見られる場合は，スポーツドリンクや経口補水液などを飲ませる。飲み物の温度は常温のものを，何回かにわけて飲ませる。

(4)改善が見られない場合には，できるだけ早く受診し，（⑫　　　）やひきつけ，意識障害がある場合にはすぐに救急受診することが重要。

やってみよう！練習問題 思

次の記述のうち，正しいものには○，誤っているものには×を記入しなさい。

A　高齢者は，体内の水分量が少なく，水分の再吸収力が低くなり，のどの渇きも感じにくいため，水分補給がうまくいかないことがある。

B　脱水状態の時には，わきの下だけ異常に湿潤している。

C　高齢者に手でハンカチをにぎらせ，そのときの皮膚の動きで脱水状態かどうかを調べるのが，ハンカチ徴候である。

D　軽度～中度の症状が見られる場合は，スポーツドリンクや経口補水液などをなるべく冷やした状態で飲ませる。

A		B		C		D	

8 熱中症

教 p.150

1 熱中症の原因 知

・熱中症は（① ）の環境で，体温調節がうまくいかないことによって起こる。そのため，熱中症は屋外だけでなく屋内でも発症する。また，夏だけでなく冬の暖房がきいた部屋での（② ）や運動の後，入浴中にも起こる。

・特に高齢者は体内の水分量が少なく（③ ）症から熱中症を引き起こしやすい。

2 熱中症の予防と対処 知

＜熱中症の予防＞

・炎天下の（④ ）は避ける。

・外出時には日傘や（⑤ ）を使用する。

・閉めきった室内（特に窓ぎわ）で過ごすのを避ける。

・こまめに水分をとり，エアコンなどで室内の（⑥ ）を調整する　など

＜熱中症の症状＞

・軽度……めまいや（⑦ ）など

・中度……皮膚のかさつき，疲労感，頭重感，吐き気など

・重度……血圧低下，膝ががくがくして歩けない，（⑧ ）障害など

＜熱中症の対処法＞

(1)風通しのよい涼しい場所に寝かせ，（⑨ ）をゆるめる。うちわなどであおぐのも効果的。

(2)意識があって，水分を飲めるようであればスポーツドリンクや経口補水液などで水分補給する。

(3)重症で意識障害がある場合には，すぐに（⑩ ）する。救急車が到着するまで霧吹きなどを使って常温の水，もしくはぬるま湯をかけたり，濡れタオルを当てたりしてからだを冷やす。（⑪ ）水は避け，首や両脇の下，そして足の付け根の動脈をアイスパックなどで冷やすこともあわせて行うとよい。

第6章

やってみよう！練習問題 思

次の記述のうち，正しいものには○，誤っているものには×を記入しなさい。

A　高温多湿の環境は日本でいうと夏にあたるため，熱中症は冬には発症しない。

B　熱中症の初期症状は，高齢者では乏しく，見過ごされて重症化することがあるため注意が必要である。

C　熱中症で意識がはっきりしない人には，スポーツドリンクを飲ませて水分を補給させる。

D　熱中症は重度であっても救急車を使うほど緊急性の高い症状ではない。

A		B		C		D	

MEMO

9 高血圧と低血圧

教 p.151

❶ 血圧の変化 知

・高血圧症は，代表的な（①　　　　　　　）で，高齢者の割合が高い。それは加齢に伴い血管がかたくなり，その結果として高齢になると血圧が高くなるためである。

・血圧の基準値……最高血圧（②　　　　）mmHg 未満／最低血圧（③　　　　）mmHg 未満

・一方で，加齢に伴い，自律神経機能の低下によって低血圧となることもある。低血圧とは最高血圧が（④　　　　）mmHg 未満となることをいう。高齢者の代表的な低血圧として（⑤　　　　）があり，それによるめまいや立ちくらみは，（⑥　　　　）の原因となるため注意を要する。

❷ 血圧の注意点 知

・日常生活での血圧の注意点として，まず，ふだんの血圧の値がどの程度なのかを知っておくことが大切である。

・冬場の（⑦　　　　　）ショックにも気をつける。降圧剤を服用している場合には，自己判断で服用するのをやめたり，量を変えたりしないようにする。副作用があれば医師に相談するようにする。

・高血圧の場合は食事と生活習慣に気をつける。

＜食事と生活習慣の注意点＞

(1)1 日の塩分摂取量は男性は（⑧　　　　）g 未満，女性は 6.5 g 未満，すでに高血圧の場合には悪化予防のために 6 g 未満とする。

(2)標準体重を維持する。

(3)食事は脂質・（⑨　　　　）を控えカロリー制限を行う。

(4)（⑩　　　　）野菜と海藻を十分にとる。

(5)規則正しい生活と（⑪　　　　）を心がける。

(6)便秘にならないように注意する。

やってみよう！練習問題 思

次の記述のうち，正しいものには○，誤っているものには×を記入しなさい。

A　血圧は個人差があり環境にも大きく影響されるので，個々人ごとに基準値が決まっている。

B　起立性低血圧は，寝ているときには低血圧ではなく，急に座ったり立ったりした時に最高血圧が 20 mmHg 以上低下するものをいう。

C　ふだんの血圧の値がどの程度なのかを知っておくことが大切である。

D　ヒートショックとは，体温と外気温の急激な温度差が体に与える影響のことで，入浴時の脱衣所や風呂場での温度差が原因になることがある。

A		B		C		D	

MEMO

10 糖尿病

教 p.152〜p.153

1 糖尿病の基本 知

・糖尿病も代表的な生活習慣病である。糖尿病は（①　　　　　　　）の不足によって血糖値が異常に上昇し，全身の臓器に障がいを引き起こす病気である。

・インスリンが分泌されない 1 型糖尿病（(②　　　　　　　　　)）と肥満や運動不足などを原因とする 2 型糖尿病（(③　　　　　　　　　)）がある。

1 型糖尿病	タイプ	2 型糖尿病
子どもや若い人に多い	発症年齢	（④　　　　　）に多い
（⑤　　　　）な場合が多い 症状の悪化も⑤	発症のしかた	ゆるやかに発症し，進行もゆっくり
やせ型が多い	体型	肥満型が多い
インスリン注射	治療方法	（⑥　　　　）療法，運動療法，場合によっては薬物療法
（⑦　　　　）の β 細胞が破壊されたため	原因	（⑧　　　　　）要因に，肥満，過食，運動不足などの要因が加わったため

2 糖尿病の治療と注意点 知

◎1 型糖尿病のインスリンの自己注射

・インスリンの自己注射は，食事の 30 分（⑨　　　　）に行う。

・低血糖時には動悸や冷や汗，（⑩　　　　　）感などが現れ，重症になると（⑪　　　　　）などの意識障害を起こす。意識がある場合はあめや角砂糖などをなめさせ，インスリン投与は避ける。

◎2 型糖尿病の食事療法と運動療法，内服薬

・食事療法はバランスのよい食事を 3 食とり，エネルギーのとりすぎに注意する。総摂取エネルギーのめやすは標準体重と（⑫　　　　　　）強度により変動する身体活動量から算出される。

・食事療法と運動療法を行っても血糖値のコントロールが不良の場合（⑬　　　　　　）を用いる。

<糖尿病の三大合併症>

・（⑭　　　　　　　）障害……下肢の切断につながる

・（⑮　　　　）症……人工透析につながる

・（⑯　　　　）症……失明などにつながる

やってみよう！練習問題 思

次の記述のうち，正しいものには○，誤っているものには×を記入しなさい。

A　1 型糖尿病の治療方法は，食事療法，運動療法，薬物療法である。

B　インスリン注射は，食後 30 分以内に済ませなければならない。

C　低血糖症状がある際には，インスリンの投与は避ける。

D　糖尿病の三大合併症は，末梢神経障害，腎症，網膜症の 3 つである。

A		B		C		D	

第7章 生活支援

年　組　番　名前　　検印

1 生活支援の考え方

教 p.154〜p.167

❶ 生活とは 知

・生活とは，「人間が生きていく上で行う諸活動の総体であるが，広義には，生物としての（①　　　）の維持，文化的な日常生活，その連鎖としての一生・生涯という三層構造を含んで，『生』の（②　　　）の過程」を表す。生活を営み，維持していくためには，「日常生活を維持・継続していくための総称」としての（③　　　）が不可欠である。

❷ 生活支援とは／❸ 衣食住を中心とした生活支援の三つの機能 知

・介護における生活支援とは，何らかの生きづらさがあっても，自らの生活をコントロールして（④　　　）的に生きていくことへの支援である。

<衣食住を中心とした生活支援の三つの機能>

◎生命体としての生命を（⑤　　　）するための機能

◎家庭や住居のなかで生活を（⑥　　　）していくための機能

◎（⑦　　　）的にも充実した生活を営むための機能

2 レクリエーション

教 p.168〜p.171

❶ レクリエーションの意義と目的 知

・現在ではレクリエーションの意義を，人間性の（⑧　　　）・（⑨　　　）を目的とすること，とするのが一般的である。

・（⑩　　　）レクリエーション……一人ひとりのニーズや生活のあり方，利用者の持つ快さや楽しさの価値観をもとにして展開される。

・（⑪　　　）レクリエーション……個人の⑪レクリエーションの目標を達成するために。集団の持つ力（（⑫　　　））を利用する。

❷ レクリエーションの活動の種目／❸ 高齢者施設のレクリエーション例 知

・ゲーム，体操，歌，ダンスなど特定の種目だけでなく，昼寝をする，好きな音楽を聴く，孫と折り紙を折るなど生活そのものがレクリエーション活動になるという考え方もある。

・個人にとって楽しく快い（⑬　　　）が目的である。

・高齢者施設のレクリエーション例：風船バレー

❹ レクリエーションを盛り上げるには 知

・(1)（⑭　　　）にレクリエーションについて話をする。(2)レクリエーション担当者でシミュレーションをしておく(3)参加者の気持ちを少しずつ盛り上げる。(4)参加者一人ひとりへ（⑮　　　）・観察をしっかりする。(5)楽しいと感じている間に（⑯　　　）する。

やってみよう！練習問題 思

次の記述のうち，正しいものには○，誤っているものには×を記入しなさい。

A　生活とは生の再生産の過程を表す。

B　生活支援とは，介護者がすべてを支援し，関わることである。

C　レクリエーションとは，現在，「余暇の善き活動」のみを意味する。

D　集団レクリエーションも，個人のための種目である。

A		B		C		D	

3 高齢者福祉施設の見学

教 p.172〜p.173

❶ 高齢者福祉施設の種類 知

・高齢者福祉施設は，対象者や施設の基準，職員構成などが種類によって定められている。

＜施設サービスの種類と内容＞　※人員基準は 100 人あたり

・介護老人福祉施設

対象者：常時介護が必要で（①　　　　）生活が困難な要介護者

人員基準：医師（非常勤可）1 人，看護職員 3 人，介護職員 31 人，介護支援専門員 1 人，その他

・介護老人保健施設

対象者：病状安定期にあり，入院治療をする必要はないが，リハビリテーションや看護・介護を必要とする要介護者

人員基準：医師（常勤）1 人，看護職員 9 人，介護職員 25 人

（②　　　　　　）または作業療法士 1 人，介護支援専門員 1 人，その他

・医療保険適用の療養型病床群

対象者：症状が安定している長期療養患者のうち，

・密度の高い（③　　　　　）管理や積極的なリハビリテーションを必要とする者

・40 歳未満の者，40〜65 歳未満の特定疾病以外の者

人員基準：医師 3 人，看護職員 17 人，介護職員 17 人，その他

❷ 見学 知

・高齢者福祉施設の見学にあたっては，疑問に思っていることや，質問したいことなどを事前に準備していくことが大切である。また，施設見学後は（④　　　　　　）ことも重要である。

4 ボランティア活動への参加

教 p.174〜p.175

❶ ボランティア活動の役割 知

・ボランティア活動は自らの意思で参加し，社会や個人に対して自分のできる範囲で無償で行う奉仕活動である。ボランティア活動は（⑤　　　　　　　　　）サービスといわれている。介護保険サービスのような（⑥　　　　　　）サービスにはない柔軟性があり，介護保険では提供できない内容を補っている。

❷ 学生ボランティア活動の意味 知

・ボランティア活動を行うことは，（⑦　　　　　　）につながる教育であると理解されている。

やってみよう！練習問題 思

A　施設訪問時に得られた利用者の情報を，他の人にもらしてはならない。

B　施設見学中に利用者にトイレの介護を頼まれたため，独断で介助をした。

C　ボランティア活動では介護保険で提供されている内容の延長線上の活動しかできない。

D　ボランティア活動は，自分にできることをできる範囲で，形にとらわれず行うことができる。

A		B		C		D	

〔生活と福祉〕準拠
生活と福祉学習ノート

表紙デザイン
鈴木美里

●編　者――実教出版編修部
●発行者――小田　良次
●印刷所――大日本法令印刷株式会社

●発行所――実教出版株式会社
〒102-8377
東京都千代田区五番町5
電話（03）3238-7777〈営業〉
（03）3238-7723〈編修〉
（03）3238-7700〈総務〉
https://www.jikkyo.co.jp/

002402024
ISBN978-4-407-36310-4

生活と福祉学習ノート　解答編

第１章　健康と生活

第１節　健康に関する諸概念

❶ 健康とは何か（p. 2）

①社会的健康　②全人的健康
③ヘルスプロモーション　④ポジティブ・ヘルス
⑤回復する力　⑥支援
◆練習問題　A…×　B…×　C…○　D…×

❷ QOLとは何か（p. 3）

①生活　②生命　③人生　④スピリチュアリティ
⑤人生会議　⑥国際生活機能分類　⑦潜在能力
⑧環境因子
◆練習問題　A…×　B…○　C…○　D…×

❸ 健康の社会的決定要因と健康格差対策（p. 4）

①遺伝的　②飲酒　③労働　④主体　⑤社会・環境
⑥不平等　⑦健康日本21　⑧健康
◆練習問題　B

第２節　ライフステージと健康管理

❶ 生涯を通した健康づくり（p. 5）

①6　②先天奇形　③不慮の事故　④脳血管疾患
⑤健康状態　⑥生涯　⑦健康診査
◆練習問題　B

❷ 幼年期の健康（p. 6）

①0～4　②人格　③先天奇形　④感染症　⑤転落
⑥やけど　⑦誤飲　⑧予防接種　⑨児童虐待
◆練習問題　A…○　B…×　C…×　D…○

❸ 少年期の健康（p. 7）

①5～14　②思春期　③むし歯　④近視
⑤アスペルガー　⑥朝食　⑦歯科健診
◆練習問題　A…○　B…○　C…×　D…×

❹ 青年期の健康（p. 8）

①15～24　②選挙　③飲酒　④性感染症　⑤生活習慣
⑥薬物　⑦適正体重　⑧コンドーム　⑨違法
◆練習問題　A…×　B…○　C…○　D…○

❺ 壮年期の健康（p. 9）

①25～44　②ストレス　③がん　④歯周病
⑤精神疾患　⑥産後うつ　⑦労働災害　⑧過労死
⑨休肝日　⑩ワーク・ライフ・バランス
◆練習問題　A…×　B…○　C…×　D…×

❻ 中年期の健康（p. 10）

①45～64　②体力　③脳卒中　④糖尿病
⑤メタボリックシンドローム　⑥ホットフラッシュ
⑦更年期障害　⑧運動　⑨うつ
◆練習問題　C

❼ 高年（高齢）期の健康（p. 11）

①65　②健康　③心疾患　④認知症　⑤20　⑥三
◆練習問題　A…○　B…×　C…○　D…×

第２章　少子高齢化の現状と高齢者の特徴

第１節　少子高齢化の現状

❶ 人口の少子高齢化（p. 12）

①ベビーブーム　②出生率　③晩婚化　④医療技術
⑤死亡率　⑥高齢化率　⑦高齢化社会　⑧14

❷ 日本における高齢化率と高齢化の速度（p. 12）

⑨フランス　⑩24
◆練習問題　A…×　B…×　C…○　D…○

第２節　家族・地域の変化

❶ 高齢者の暮らし方（p. 13）

①支援　②家制度　③家　④義務　⑤同居率　⑥単独
⑦隣居　⑧近居

❷ 高齢化と世帯構成の地域差と福祉サービス（p. 13）

⑨交通　⑩福祉サービス

◆練習問題　A…○　B…×　C…○　D…×

第３節　高齢者の心身の特徴

❶ 高齢者の心身の特徴と病気（p. 14）

①加齢　②老化　③咀嚼機能　④栄養　⑤脱水

⑥流動性　⑦結晶性

❷ 個人差とエイジズム（p. 14）

⑧エイジズム　⑨ステレオタイプ　⑩男女差別

◆練習問題　A…○　B…×　C…○　D…×

第４節　高齢者の病気

❶ 高齢者の恒常性機能（p. 15）

①恒常性　②維持　③ストレッサー　④生活不活発病

⑤水・電解質

❷ 高齢者の老年病（p. 15）

⑥脳血管　⑦狭心症　⑧心筋梗塞　⑨誤嚥性

⑩サルコペニア　⑪フレイル　⑫ロコモティブ

◆練習問題　A…○　B…×　C…×　D…○

第５節　高齢者に見られる主な疾患や症状

❶ 麻痺（p. 16）

①脊髄　②脳梗塞　③脳出血　④脊髄損傷　⑤介護

⑥片麻痺　⑦単麻痺　⑧構音障害　⑨失行

⑩無症候性脳梗塞

❷ 聴覚障害（p. 16）

⑪50　⑫30

◆練習問題　A…○　B…○　C…×　D…×

❸ 視覚障害（p. 17）

①老視　②老人性白内障　③緑内障　④加齢黄斑変性

❹ 認知症（p. 17）

⑤日常生活　⑥アルツハイマー　⑦まだら認知症

⑧記銘　⑨見当識障害

◆練習問題　A…○　B…×　C…○　D…○

第６節　高齢者の生活課題と施策

❶ 高齢者の生活課題（p. 18）

①収入　②定年　③非正規雇用　④年金　⑤加齢

⑥有訴者　⑦制度的なしくみ　⑧生きがい　⑨孤独

◆練習問題　D

❷ 高齢社会に対する施策（p. 19）

①生涯現役社会　②70　③努力義務

④シルバー人材センター　⑤出生時育児　⑥国民年金

⑦厚生年金　⑧老齢基礎　⑨学生納付特例

⑩老齢厚生年金　⑪配偶者

◆練習問題　A…×　B…○　C…×　D…○

❷ 続き（p. 20）

①50　②交通安全基本計画　③振り込め　④還付金

⑤投資　⑥避難計画　⑦9　⑧老人福祉　⑨地域文化

⑩放送

◆練習問題　A…×　B…○　C…○　D…×

第３章　高齢者の自立支援

第１節　人間の尊厳

❶ 人間の尊厳（p. 21）

①尊厳と権利　②社会福祉　③超高齢社会　④社会化

❷ ノーマライゼーション（p. 21）

⑤一日　⑥ライフサイクル　⑦環境　⑧差別

⑨バリアフリー法

◆練習問題　A…○　B…×　C…×　D…○

❸ ユニバーサルデザインとは（p. 22）

①公平　②自由　③簡単　④危険　⑤スペース

❹ 障がいによる差別の解消と合理的配慮（p. 22）

⑥人権　⑦困難　⑧合理的

◆練習問題　C

第２節　高齢者介護の考え方

❶ 介護予防から介護体制の確立まで（p. 23）

①支障　②支援　③生活機能　④リハビリテーション

⑤生活悪化　⑥予防　⑦老老　⑧長期　⑨離職
⑩見守り
◆練習問題　A…×　B…○　C…○　D…×

❶ 続き（p. 24）
①倫理　②質的　③社会的　④全人的　⑤能力
⑥地域リハビリテーション　⑦日常生活動作
⑧残存能力
◆練習問題　A…○　B…○　C…×　D…○

第３節　コミュニケーションと介護

❶ 言語障害・麻痺・聴覚障害者・視覚障害者
①言語障害　②身振り　③筆談　④自助具　⑤良肢位
⑥低温やけど　⑦読話　⑧理解状況
⑨クロックポジション　⑩環境整備
◆練習問題　A…×　B…○　C…○　D…×

❷ 認知症（p. 26）
①意思決定　②生活不活発　③治療的
④家族介護者　⑤パーソン・センタード・ケア
⑥主体的　⑦自尊心　⑧見守り　⑨傾聴
◆練習問題　A…○　B…×　C…×　D…○

❷ 続き（p. 27）
①意思決定　②共感　③できる　④非言語的　⑤能力
⑥簡潔　⑦短く　⑧後ろ　⑨スキンシップ　⑩親密さ
⑪安心
◆練習問題　A…×　B…○　C…×　D…×

第４章　高齢者支援の法律と制度

第１節　社会保障・社会福祉制度のしくみ

❶ 社会保障・社会福祉制度とは（p. 28）
①安定

❷ 社会保障・社会福祉制度の四つの領域（p. 28）
②サービス　③介護保険　④社会福祉法　⑤自立
⑥保健　⑦母子　⑧医療品
◆練習問題　B

第２節　介護保険制度のしくみ

❶ 介護保険制度とは（p. 29）
①市区町村　②被保険者　③居宅　④自分
⑤介護支援専門員　⑥総合事業　⑦17.5　⑧軽度
◆練習問題　A…×　B…×　C…○　D…○

❷ 介護保険制度のしくみ（p. 30）
①社会保険　②保険料　③資格　④要介護
⑤要支援者　⑥特定疾患　⑦介護保険事業支援
⑧中核市　⑨通所　⑩地域密着
◆練習問題　A…○　B…×　C…×　D…○

❷ 続き（p. 31）
①被保険者　②身体的　③認定　④介護時間
⑤介護認定審査　⑥主治医意見書　⑦ケアマネジャー
⑧地域支援事業　⑨介護予防・生活支援
◆練習問題　A…×　B…○　C…×　D…○

第３節　さまざまな高齢者支援のしくみ

❶ サービス付き高齢者向け住宅制度（p. 32）
①夫婦　②登録　③施設・設備　④安否　⑤維持増進

❷ 後期高齢者医療制度（p. 32）
⑥広域連合　⑦5　⑧4　⑨1

❸ バリアフリーの推進（p. 32）
⑩社会参加
◆練習問題　A…○　B…×　C…×　D…×

❹ 認知症高齢者対策（p. 33）
①予防　②日常生活　③成年後見

❺ 虐待防止施策（p. 33）
④介護老人福祉　⑤養護者　⑥早期発見　⑦通報

❻ 高齢者支援の今後の展望（p. 33）
⑧効率化　⑨排除　⑩存在価値　⑪包摂　⑫社会福祉
◆練習問題　A…○　B…×　C…×　D…○

第４節　地域共生社会

❶ 地域包括ケアシステムによる高齢者支援（p. 34）

①地域　②日常生活圏域　③地域包括ケアシステム

④高齢者　⑤相互　⑥独自　⑦介護保険制度

◆練習問題　A…×　B…×　C…○　D…○

❶ 続き（p. 35）

①バリアフリー型　②療養　③介護保険

④介護支援専門員　⑤自立支援　⑥見守り　⑦孤立

⑧介護保険法　⑨要支援高齢者　⑩保健師

⑪社会福祉士　⑫主任介護支援専門員

◆練習問題　A…○　B…×　C…○　D…×

❶ 続き（p. 36）

①アウトリーチ　②権利擁護　③成年後見　④困難

⑤介護予防　⑥多職種　⑦地域ケア

⑧地域包括支援センター

❷ 複合的な課題を抱える支援困難ケース（p. 36）

⑨複合的　⑩依存　⑪ヤングケアラー　⑫狭間

⑬地域共生社会

◆練習問題　A…×　B…×　C…○　D…○

❸ 包括的支援体制による地域共生社会（p. 37）

①本人　②担い手　③属性　④相互　⑤支える

⑥支援体制整備　⑦断らない　⑧伴走　⑨連携

◆練習問題　A…×　B…×　C…×　D…○

第５章　介護の実習

第１節　体位変換

❶ 体位変換の意義と目的（p. 38）

①重力　②壊死　③褥瘡　④拘縮　⑤変換　⑥起居

⑦仰臥位　⑧端座位

❷ ボディメカニクスの基本原則（p. 38）

⑨基底面積

❸ ベッド上での体位変換（p. 38）

⑩目的　⑪寝返り　⑫水平　⑬移動

◆練習問題　A…○　B…×　C…×　D…○

第２節　歩行介助

❶ 歩行の意義と目的（p. 39）

①意志　②面　③転倒

❷ 歩行補助用具の種類と杖の長さの決め方（p. 39）

④不安定　⑤つま先　⑥大転子　⑦150

❸ 歩行の方法（p. 39）

⑧二点歩行

❹ 手引き歩行の方法（p. 39）

⑨下肢　⑩下から　⑪患側

◆練習問題　A…×　B…○　C…×　D…○

第３節　車いすの移乗・移動の介護

❶ 移乗・移動の意義と目的（p. 40）

①QOL

❷ 車いすの種類と名称（p. 40）

②モジュール型

❸ 車いすの基本操作（広げ方・たたみ方）（p. 40）

③ブレーキ　④アームサポート　⑤ハの字

❹ ベッドから車いすへの移乗方法（p. 40）

⑥目的　⑦方法　⑧30　⑨フットサポート　⑩殿部

❺ 車いすからベッドへの移乗方法（p. 40）

⑪前傾姿勢

◆練習問題　A…○　B…○　C…×　D…×

第４節　食事の介護

❶ 食事の意義と目的（p. 41）

①栄養素　②維持　③五感　④姿勢　⑤意欲

❷ 座って食べることの意味（p. 41）

⑥起きて　⑦寝食　⑧座位　⑨誤嚥

❸「食べる」という行為の過程（p. 41）

⑩認知機能　⑪麻痺　⑫咀嚼　⑬ぜん動

◆練習問題　A…×　B…×　C…○　D…○

❹誤嚥予防のための正しい姿勢（p. 42）

①認識　②前傾　③咀嚼　④後ろ　⑤椅座位

⑥端座位　⑦長座位　⑧30　⑨義歯

❺食事用自助具の活用（p. 42）

⑩拘縮

❻食事の工夫（p. 42）

⑪嚥下　⑫ピューレ　⑬とろみ調整食品

◆練習問題　A…○　B…×　C…○　D…×

第５節　ベッドメーキング

❶ベッドメーキングの意義と目的（快適な生活環境の整備）（p. 43）

①寝具　②不感蒸泄　③睡眠　④安全　⑤平衡

⑥生活習慣

❷ベッドメーキングを行う前の準備（p. 43）

⑦ボックス　⑧35〜45　⑨使用手順

❸ベッドメーキングの方法（p. 43）

⑩ほこり　⑪包む

◆練習問題　A…×　B…×　C…×　D…○

第６節　衣服の着脱の介護

❶衣服の着脱の意義と目的（p. 44）

①汗　②体温　③選択　④自立支援

❷寝間着の材質と種類（p. 44）

⑤保湿　⑥木綿　⑦二部式

❸ベッド上での寝間着（浴衣）の着脱（p. 44）

⑧褥瘡　⑨室内

❹片麻痺がある人のベッド上での寝間着（パジャマ）の着脱（p. 44）

⑩脱健着患

◆練習問題　A…○　B…○　C…×　D…×

第７節　からだの清潔の介護

❶からだの清潔の意義と目的（p. 45）

①精神

❷洗面（p. 45）

②爽快　③洗面器　④蒸しタオル

❸ひげそり（p. 45）

⑤カミソリ

❹整髪（p. 45）

⑥血行　⑦汚れ　⑧肩

❺口腔の清潔（p. 45）

⑨二次的疾患

❻義歯（入れ歯）の手入れ（p. 45）

⑩口臭

◆練習問題　A…×　B…×　C…×　D…×

❼入浴の効果と留意点（p. 46）

①静水圧　②血液　③疲労　④温度差　⑤機械浴

⑥チェアー浴　⑦55〜60　⑧22〜24　⑨顔　⑩肛門

⑪拘縮　⑫ケリーパッド　⑬ドライ

◆練習問題　A…×　B…×　C…○　D…○

第８節　排泄の介護

❶排泄の意義と目的（p. 47）

①バロメーター　②羞恥心

❷排泄のしくみと障がい（p. 47）

③知覚　④機能　⑤頻尿　⑥尿閉　⑦尿失禁

⑧腹圧性　⑨排尿筋

❸ 排泄物の状態・性状（p. 47）

⑩ブリストルスケール

❹ 排泄介護のフローチャート（p. 47）

⑪アセスメント

◆**練習問題**　A…×　B…×　C…×　D…○

第９節　褥瘡の予防

❶ 褥瘡の発生原因（p. 48）

①圧迫　②壊死　③床ずれ　④長時間　⑤蒸れ
⑥バランス

❷ 褥瘡の予防（p. 48）

⑦仙骨部　⑧乾燥

◆**練習問題**　A…○　B…×　C…○　D…○

第 10 節　災害時の介護

❶ 災害時支援の意義と目的（p. 49）

①ライフライン　②要配慮者　③避難行動要支援者

❷ 災害時における生活の場所（p. 49）

④一般　⑤福祉

❸ 災害派遣福祉チーム（p. 49）

⑥社会福祉士　⑦環境改善

❹ 避難所でも利用できる生活支援技術（p. 49）

⑧ドライシャンプー　⑨簡易トイレ

◆**練習問題**　A…○　B…×　C…○　D…○

第６章　看護の実習

第１節　家庭看護の意味

❶ 家庭看護（p. 50）

①生活習慣　②セルフケア　③家庭看護

❷ 看護とはなにか（p. 50）

④健康　⑤環境　⑥ナイチンゲール　⑦クリミア
⑧ヘンダーソン

◆**練習問題**　A…○　B…○　C…×　D…○

第２節　バイタルサイン（生命徴候）の見方

❶ バイタルサインの測定（p. 51）

①バイタルサイン　②定期的

❷ バイタルサインの測定方法（p. 51）

③2　④入浴　⑤平熱　⑥微熱　⑦高熱　⑧45
⑨アルコール綿　⑩拍動　⑪規則性　⑫60～80
⑬強さ　⑭リズム　⑮橈骨動脈

◆**練習問題**　A…×　B…×　C…○　D…×

❷ 続き（p. 52）

①二酸化炭素　②精神的　③気づかれない　④腹式
⑤胸式　⑥鏡　⑦垂直　⑧血圧計　⑨収縮　⑩拡張
⑪140　⑫90　⑬5　⑭安静　⑮同じ　⑯心臓
⑰20～30

◆**練習問題**　A…×　B…○　C…×　D…○

第３節　口腔の清潔

❶ 口腔の機能と衛生（p. 53）

①咀嚼　②構音　③歯周病　④誤嚥　⑤唾液　⑥QOL

❷ 口腔ケアの方法（p. 53）

⑦麻痺　⑧分泌量　⑨舌苔　⑩味覚

◆**練習問題**　A…○　B…○　C…○　D…×

❷ 続き（p. 54）

①細菌　②鉛筆　③スクラッピング　④平行　⑤鏡
⑥就寝前　⑦自力　⑧側臥位　⑨ガーグルベースン
⑩うがい　⑪体位　⑫手袋　⑬出血　⑭ぬるま湯

◆**練習問題**　A…×　B…×　C…○　D…○

第４節　誤嚥と窒息

❶ 誤嚥と窒息の予防から対処（p. 55）

①咳嗽　②防衛　③喘鳴　④炎症　⑤チョークサイン
⑥姿勢　⑦調理法　⑧原因物質　⑨横向き
⑩ハイムリック　⑪低く　⑫気道

◆**練習問題**　A…○　B…×　C…○　D…×

第５節　転倒と骨折

❶ 高齢者と骨折（p. 56）

①平衡　②脊椎圧迫　③上腕骨外科頚　④大腿骨頚部
⑤橈骨遠位端　⑥寝室

❷ 骨折への対処（p. 56）

⑦閉鎖　⑧開放　⑨外傷　⑩車いす　⑪副子
⑫三角巾

◆練習問題　A…○　B…×　C…×　D…×

第６節　低温やけど（低温熱傷）

❶ 低温やけどとは（p. 57）

①皮膚感覚　②低め　③長時間　④冬場

❷ 低温やけどの注意点（p. 57）

⑤軽症　⑥流水　⑦民間療法　⑧カイロ　⑨温風
⑩吹き出し口

◆練習問題　A…○　B…×　C…×　D…○

第７節　脱水

❶ 脱水の予防と対処（p. 58）

①50　②腎臓　③頻尿　④にぶく　⑤乾いて
⑥ハンカチ徴候　⑦ふくらはぎ　⑧唇　⑨血圧
⑩皮膚　⑪ナトリウム　⑫めまい

◆練習問題　A…○　B…×　C…×　D…×

第８節　熱中症

❶ 熱中症の原因（p. 59）

①高温多湿　②厚着　③脱水

❷ 熱中症の予防と対処（p. 59）

④外出　⑤帽子　⑥温度　⑦ふらつき　⑧意識
⑨衣服　⑩救急受診　⑪冷たい

◆練習問題　A…×　B…○　C…×　D…×

第９節　高血圧と低血圧

❶ 血圧の変化（p. 60）

①生活習慣病　②140　③90　④100　⑤起立性低血圧
⑥転倒

❷ 血圧の注意点（p. 60）

⑦ヒート　⑧7.5　⑨糖質　⑩緑黄色　⑪運動

◆練習問題　A…×　B…○　C…○　D…○

第10節　糖尿病

❶ 糖尿病の基本（p. 61）

①インスリン　②インスリン依存型
③インスリン非依存型　④中高年　⑤急激　⑥食事
⑦膵臓　⑧遺伝的

❷ 糖尿病の治療と注意点（p. 61）

⑨前　⑩倦怠　⑪昏睡　⑫生活活動　⑬内服薬
⑭末梢神経　⑮腎　⑯網膜

◆練習問題　A…×　B…×　C…○　D…○

第７章　生活支援

第１節　生活支援の考え方

❶ 生活とは（p. 62）

①生命　②再生産　③家事

❷ 生活支援とは／❸衣食住を中心とした生活支援の三つの機能（p. 62）

④主体　⑤維持　⑥遂行　⑦精神

第２節　レクリエーション

❶ レクリエーションの意義と目的（p. 62）

⑧回復　⑨再創造　⑩個別　⑪集団
⑫グループダイナミックス

❷ レクリエーションの活動の種目／❸高齢者施設のレクリエーション例（p. 62）

⑬生活支援

❹ レクリエーションを盛り上げるには（p. 62）

⑭事前　⑮気配り　⑯終了

◆練習問題　　A…○　B…×　C…×　D…○

第３節　高齢者福祉施設の見学

❶ 高齢者福祉施設の種類（p. 63）

①在宅　②理学療法士　③医学的

❷ 見学（p. 63）

④振り返る

第４節　ボランティア活動への参加

❶ ボランティア活動の役割（p. 63）

⑤インフォーマル　⑥フォーマル

❷ 学生ボランティア活動の意味（p. 63）

⑦人間形成

◆練習問題　　A…○　B…×　C…×　D…○

本書は植物油を使ったインキおよび再生紙を使用しています。

見やすいユニバーサルデザイン
フォントを採用しています。

ISBN978-4-407-36310-4
C7077 ¥618E
定価680円(本体618円)

生活と福祉　学習ノート

年　　組　　番

年　　組　　番　名前